VdN

Angelika Rosenfeld

Weihnachten im alten Hamburg

Michelglanz und Domrummel

Verlag der Nation

Umschlagabbildung:
unter Verwendung einer historischen Postkarte

Bibliografische Information der Deutschen Nationalbibliothek

Die Deutsche Nationalbibliothek verzeichnet diese Publikation in der Deutschen Nationalbibliografie; detaillierte bibliografische Daten sind im Internet über http://dnb.dnb.de abrufbar.

Gesamtherstellung: Husum Druck- und Verlagsgesellschaft
Postfach 1480, D-25804 Husum – www.verlagsgruppe.de
ISBN 978-3-373-00538-4

Weihnachten auf Hamburgisch

Dass unsere Weihnachtsbräuche noch gar nicht so alt sind, wissen Sie sicher schon. Aber wissen Sie auch, dass gerade in Hamburg einige davon „erfunden“ wurden? Der Adventskranz stammt aus der Hansestadt, ebenso die „Weihnachtsuhr“, aus der sich die Adventskalender entwickelten. Und auch das Lieblingsweihnachtslied der Deutschen, die „Stille Nacht“, wurde hier populär gemacht.

Heute erwarten wir von der „Stillen Nacht“ Beschaulichkeit und lassen uns gern ein wenig sentimental stimmen. Im alten Hamburg war das durchaus anders: Schon am Heiligen Abend zogen die Kinder aufdringlich lärmend umher, wie heute zu Halloween. Und in ganz alten Zeiten musste die Stadtregierung sogar gegen öffentliche Ausschweifungen einschreiten. Weihnachten hatte zwei Gesichter: den feierlichen Glanz der Wachskerzen in den Hauptkirchen und den profanen Rummel im alten Dom. Das manchmal zu bunte Treiben in der ehemaligen katholischen Domkirche gab der späteren Volksbelustigung den Namen. Die Hamburger gehen heute „auf den Dom“ – für Auswärtige vielfach unverständlich.

Verständlicher für Fremde sind wohl die kulinarischen Traditionen der Hansestadt zu Weihnachten. Karpfen oder Gans isst man auch heute gern und viel. Aber die Hamburger hatten den Vorteil, dass sie „Südfrüchte“ und exotische Gewürze sozusagen direkt vom (Segel-)Schiff erhalten konnten, also in frischer und unverfälschter Qualität. Auch der wärmende Grog hat übrigens eine maritime Entstehungsgeschichte.

In früheren Jahrhunderten brauchten die Hamburger mehr Wärme als heute. Die Alster fror regelmäßig zu, und sogar auf der Elbe entstand nicht selten eine geschlossene Eisdecke. Vornehme Hanseaten bevölkerten den Fluss zu Pferd oder in eleganten Schlitten. Im Winter 1813/14 aber, als Hamburg unter der napoleonischen Besatzung litt, wirkte sich die Kälte gerade zur Weihnachtszeit katastrophal aus.

Winterliche Sportarten wie Schlittschuhlaufen und Rodeln wurden natürlich auch in Hamburg praktiziert – wobei die „Schrittschuhe“ (kein Schreibfehler!) niemand Geringeres als Klopstock eingeführt hat. Bemerkenswert ist aber ein Wintersport, den es nur in Hamburg-Blankenese und sonst nirgends auf der Welt gibt: das waghalsige „Rüschen“ auf steiler Eisbahn mit einem winzigen Gefährt.

Ursprünglich eine Fastenzeit, wurde die Adventszeit und noch mehr die Weihnachtszeit zu einer langen Zeitspanne des Wohllebens, jedenfalls für die Hamburger, die es sich leisten konnten. Nach dem Höhepunkt des Weihnachtsfestes – ursprünglich mit drei Feiertagen – bildete der Altjahrsabend noch einmal einen Anlass zum ausgiebigen Essen, Trinken und lauthalsen Feiern. Das Ende der Weihnachtszeit kam dann mit Epiphanias, dem ernsten Fest der Erscheinung Christi, volkstümlich als „Dreikönigsfest“ gestaltet. Noch heute singt man zu Epiphanias das Kirchenlied „Wie schön leuchtet der Morgenstern“. Der Text stammt von Philipp Nicolai, seinerzeit Hauptpastor an der Hamburger St. Katharinen-Kirche.

Zeit der Erwartung

Advent

Der Hamburger Kranz

Advent im alten Hamburg: Das war äußerlich eine Zeit der Finsternis. Die Tage wurden immer kürzer; jahrhundertelang erhellte kein Licht die Nacht. 1476 ließ der Rat drei Holzpfosten mit Leuchten aufstellen, zwischen der Hohen Brücke und der Trostbrücke, 1480 auch eine Leuchte vor dem alten Rathaus, sogar vergoldet. Die Trostbrücke spendete übrigens keinen Trost, sondern wurde nach einem Anwohner benannt …

200 Jahre später führte die Stadtregierung Tranlampen ein. Davon gab es 1679 immerhin schon tausend Stück. Aber auch sie linderten die nächtliche Dunkelheit kaum. Abends mussten sich die Hamburger mit Handlaternen ausrüsten, um den Weg nach Hause zu finden. Das ordnete der Rat im Jahr 1720 sogar an, weil die Überfälle zugenommen hatten. Erst 1845 wurde mit der Gründung der Gas-Anstalt die leistungsstarke Gasbeleuchtung installiert.

Die Innenbeleuchtung fiel ebenfalls spärlich aus. Der Publizist Garlieb Helwig Merkel (1769–1850), in Hamburg zu Besuch, klagte um 1800: „Gestern musste man am Mittage Licht anzünden, um die Tafel, an der ich speiste, sichtbar zu machen. Ein Windstoß verjagte in der nächsten Minute eine einzelne Wolke vor der Sonne, und man sah die Flammen der Lichter nicht mehr: aber bald schloss sich die Wolkendecke wieder, und ließ uns arme Sumpfbewohner mit dem geschärften Gefühl unseres Elends zurück."

Künstliches Licht war teuer. Wachskerzen blieben der Kirche und den Fürsten vorbehalten. Die meisten Menschen verwendeten notgedrungen Leuchter mit selbst hergestellter Füllung aus Talg. Erst im 19. Jahrhundert wurde das Stearin erfunden. Damit stand ein erschwingliches Kerzenmaterial zur Verfügung. Der Wunsch nach mehr Licht in der dunklen Zeit vor Weihnachten hatte aber vor allem religiöse Gründe: Das Licht in der Finsternis symbolisierte Christus. Denn er war ja der Herrscher, der ankommen sollte und erwartet wurde.

Die Hamburger hofften also auf mehr Licht, real durch die Sonnenwende und im übertragenen Sinn durch Christi Geburt. Bis vor wenigen Jahrzehnten war die große Mehrheit der Bevölkerung christlich erzogen, getauft und konfirmiert. Alle verstanden die Weihnachtsbotschaft. Die Adventszeit war eine christliche Erwartungszeit. Das Wort „Advent“ ist abgeleitet vom lateinischen „adventus“, was Ankunft bedeutet, besonders Ankunft eines Herrschers.

Die Kirche lockerte nach und nach die Verhaltensregeln für den Advent. Im Mittelalter galt ein strenges Fastengebot. Nicht nur Einschränkung bei der Ernährung wurde gefordert, sondern auch anderer Verzicht. So waren in Hamburg damals Trauungen oder „Lustbarkeiten“ untersagt. Die Reformation schaffte die Fastenzeiten ab. Nun war die Adventszeit eine Zeit der inneren Ausrichtung auf Weihnachten und der seelischen Reinigung. Ganz praktisch bedeutete das: Aufräumen und Saubermachen. Das Weihnachtsfest wurde durch einen großen Hausputz vorbereitet. So konnten die Familien ihre Gäste angemessen empfangen und ihren Besitz staubfrei präsentieren. Außerdem hofften unsere abergläubischen Vorfahren, dass sie mit dem Putzen böse Geister vertreiben konnten.

Um die Zeit der neuen Gasbeleuchtung, etwa 1850, „erfand“ Johann Hinrich Wichern den Adventskranz. Der evangelische Theologe (1808–1881) hatte 1833 im Hamburger Vorort Horn das „Rauhe Haus“ gegründet, das heute noch besteht und seinen Namen nach der älteren Rechtschreibung beibehalten hat. Die Einrichtung war ein Auffangbecken für arme, verhaltensauffällige Jugendliche – die erste ihrer Art. Die jungen Menschen sollten nicht durch Prügel,

sondern mit subtilen christlich-pädagogischen Methoden auf den rechten Weg gebracht werden. „Rau“ wurde das Haus angeblich genannt, weil es mit Schilfrohr (Reet) gedeckt war. Tatsächlich bezog sich der Name aber auf den früheren Eigentümer des Gebäudes, der Ruge hieß. „Ruug“ bedeutet im Niederdeutschen „rau“.

Wichern gehörte mit seiner Frömmigkeit zur Erweckungsbewegung bzw. zum Neu-Pietismus, der Anfang des 19. Jahrhunderts auch Hamburg erfasst hatte. Diese religiöse Ausrichtung, die im Gegensatz zum Rationalismus der Amtskirche stand, teilte Wichern beispielsweise mit Matthias Claudius und Elise Averdieck. Von diesen beiden wird noch die Rede sein. Johann Hinrich Wichern stammte aus bescheidenen Verhältnissen. Wohlhabende „erweckte“ Hamburger Bürger unterstützten ihn finanziell, vor allem Senator Martin Hieronymus Hudtwalcker. Unterstützung leistete auch Amalie Sieveking, die den Weiblichen Verein für Armen- und Krankenpflege gründete.

Wichern wurde später als Begründer der Inneren Mission deutschlandweit bekannt. Sein Grab kann man heute noch aufsuchen: Es liegt auf dem historischen Friedhof der

Dreifaltigkeitskirche in Hamburg-Hamm. „Hamm" oder „Hamme" bedeutet übrigens „sumpfige Niederung". Dieser Begriff steckt auch im Namen der Hansestadt.

Arme junge Menschen gab es im alten Hamburg reichlich. Existenzielle Not am Rande des Verhungerns war bis zum Beginn des 20. Jahrhunderts auch in der Hansestadt weit verbreitet. 1785 soll jeder zwölfte Einwohner vom Betteln gelebt haben. Damals fand die Obrigkeit bei einer Besichtigung der Elendsquartiere „600 Menschen ohne Lager und Decken, 2000 ohne Hemden, von Ungeziefer bedeckt ..." Kaum verändert war die soziale Lage hundert Jahre später: Um 1890 lebten rund 70 Prozent der Bevölkerung unterhalb der Armutsgrenze. Ihre „Wohnungen", wenn man dieses Wort wählen darf, befanden sich meistens in den sogenannten „Gängevierteln". Der Hamburger Dichter Gustav Falke (1853–1916) hatte diese Elendsquartiere selbst gesehen und schrieb, die Gänge seien dort so schmal, die Höfe so eng, dass man sich darüber die Hand reichen könne, „über den Rinnstein hinweg, der in der Mitte des Hofes die abfließenden Regen- und andere Wasser aufnimmt".

Nicht wegen des Elends, sondern wegen des Klimas vermutete Merkel in Hamburg eine allgemeine depressive Stimmung: „Wenn in den Herbstmonaten hier nicht häufige Selbstmorde vorfallen, so kommt es wohl daher, dass die morastige Luft den Einatmenden unverzüglich die schlaffe Froschnatur mitteilt, die ihr angemessen ist, und ihnen mit der Lust zum Leben auch die Kraft, es zu endigen, raubt." Mit dem Thema „Selbstmord" befasste sich auch der Hamburger Amtsarzt Johann Jakob Rambach (1772–1812) im Jahr 1801: „Die besonderen Eigenheiten des Charakters der Hamburger rühren besonders von ihrem Temperament und ihrer Beschäftigung her. Jenes nähert sich dem Phlegmatischen. Der Hamburger hat demzufolge wenig Einbildungskraft und ist daher zur Hypochondrie und zum Selbstmord nicht geeignet. Er besitzt wenig Reizbarkeit und Lebhaftigkeit, er hat mehr Hang zum Ernst als zur Lustigkeit, ist mehr sparsam als tätig, ausdauernd, aber nicht erfinderisch."

Die Luft im alten Hamburg als „morastig“ zu beschreiben, ist wohl nicht übertrieben. Die Stadt liegt auch heute inmitten von Flussläufen (Elbe, Alster, Bille mit Nebenflüssen). Dazu kam eine Vielzahl von Fleeten. Als Verkehrsadern für den Verkehr mit flachen Schiffen, den Schuten, verbanden sie die Flussläufe und waren von Ebbe und Flut abhängig. Heute ist die Zahl der Fleete geringer. Die alten Kaufmannshäuser grenzten rückwärtig an Fleete. So konnten die Waren vom Wasser aus direkt in die Speicher „gehüsert“ werden, also mit Seilwinden hochge-

zogen. In den Fleeten wurde Wäsche gewaschen, in die Fleete Unrat geschüttet, und aus den Fleeten Wasser entnommen – zum Beispiel zum Brauen des angeblich besonders wohlschmeckenden Hamburger Bieres …

Der deutsch-dänische Dichter Jens Baggesen (1764–1826) äußerte sich ebenfalls recht kritisch über die Hansestadt. Er besuchte 1789 auf einer Reise in die Schweiz auch Hamburg, Altona und Wandsbek. Baggesen stellte fest: „Die gotischen Turmspitzen, die sich fast alle durch außerordentliche Schiefe und Baufälligkeit auszeichnen, verleihen der Stadt aus einiger Entfernung eine Art von Ansehen …" Aber: „Man wünscht sich so bald wie möglich wieder hinaus. Auge und Ohr suchen hier vergeblich nach angenehmer Befriedigung – und der Geruchssinn verflucht jeden Augenblick den Tag seiner Geburt." Altona fand Baggesen dagegen „unvergleichlich schöner als Hamburg". Ausschlaggebend für dieses Urteil war vielleicht, dass Altona damals zum dänischen Gesamtstaat gehörte, der Heimat Baggesens. Der Dichter fühlte sich daher in Altona wohl eher zu Hause als in Hamburg.

Heute gibt es sie nicht mehr: die sogenannten „Hasenmoore", eine Art versumpfter Fleete, mit stehendem Wasser, ohne Verbindung zu den eigentlichen Fleeten, also ohne Durchspülung. Wenn man bedenkt, was alles in den Hasenmooren verrottete, vom Küchenabfall bis zum Tierkadaver, kann man sich vorstellen, wie die Hasenmoore aussahen und vor allem stanken. Erst 1875 verbot der Hamburger Rat die offenen Erker-Abtritte über den Fleeten.

In den Fleeten existierte allerlei Leben, vor allem „possierliche Bewohner", wie sie der Hamburger Autor Paul Hertz nannte: „Da bewegt sich etwas Kleines, Dunkles unten am Bollwerk. Eine Ratte ist's! Vorsichtig kommt sie zwischen dem Schlamm und dem Steingeröll daher geschlichen – nun hat sie die Wursthaut erwischt, die der Mann über Bord geworfen. Sie setzt sich auf die Hinterbeine und verzehrt sie mit Behagen. Das sehen ihre Gefährten – da kommt noch eine angelaufen, dort eine dritte, vierte! Überall schlüpfen sie aus ihren Winkeln hervor …"

Ab 1875 wurden einige Fleete aufgefüllt, um Bauland zu gewinnen. Auf dem so gewonnenen Grund entstanden Straßen und Wohnhäuser. Aber noch Ende des 19. Jahrhunderts schrieb die Londoner „Times“: „Hamburg liegt inmitten faulender übelriechender, schmutziger Gewässer: ein schmutziger Strom auf einer Seite, ein noch schmutzigerer See auf der anderen, und Kanäle von stinkendem, stagnierendem Wasser im Herzen der Stadt.“

Die herrschende Bürgerschicht musste unter diesen Lebensbedingungen weniger leiden. Schon seit der frühen Neuzeit wich sie zur heißen Jahreszeit in ihre Landhäuser aus, also wenn es in der Stadt besonders übel roch. Ihre „Lusthäuser“, wie man damals sagte, bauten die reichen Hamburger zunächst an der Bille, dann an der Alster und schließlich besonders luxuriös an den Elbhängen. Dort, weitab von der Stadt, störten die Ausdünstungen der Menschen, des Gewerbes und der Industrie nicht. Der vorherrschende Westwind sorgte in Nienstedten, Flottbek usw. stets für reine Luft.

Wenn hier von „Hamburg“ die Rede ist, dann ist der Stadtstaat in seinen heutigen Grenzen gemeint. Diese Grenzen bestehen erst seit 1937 („Groß-Hamburg-Gesetz“). Bis dahin waren Altona, Wandsbek und Harburg selbstständige preußische Städte. Mit der Eingemeindung dieser Städte und weiterer Gebiete verdoppelte der Stadtstaat fast seine Fläche. Die Bevölkerungszahl stieg ebenfalls drastisch an. Immerhin hatte das alte, „kleine“ Hamburg aber 1910 auch schon die Millionengrenze überschritten.

Aber nun zurück zum Adventskranz: 1850 schrieb Wichern in seinem Mitteilungsblatt „Fliegende Blätter aus dem Rauhen Hause“, dass im Betsaal des Hauses auf dem Kronleuchter ein Kranz angebracht und dort zum ersten Adventstag das erste Licht angezündet worden sei. Der Kranz bestand offenbar aus geflochtenen Tannenzweigen. Er hatte aber nicht nur vier, sondern 24 Kerzen. Die erste Kerze war also für den 1. Dezember bestimmt, nicht für den ersten Adventssonntag, wie heute üblich. Wichern

fragte: „Aber was gucken die Knaben- und Mädchenaugen so lustig zum Kronleuchter empor? Oh, was sie da sehen, kennen sie wohl. Es ist nichts als ein einfacher Kranz, den der Kronleuchter auf seinen Armen trägt, und auf dem Kranze brennt das erste Licht, weil heute der erste Adventstag ist; und kommt ihr morgen, dann brennen schon zwei, und übermorgen drei, und jeden Tag eines mehr. Und je mehr Lichter brennen, desto näher rückt Weihnachten ..." Ursprünglich soll Wichern den ersten Adventskranz 1839 aus einem alten Wagenrad gebaut haben.

Nicht nur die Lichter des Adventskranzes haben Symbolkraft, sondern auch seine Form: Ein Kranz (von lateinisch „corona" gleich „Krone") steht für eine besondere Auszeichnung, eine Krönung. Die Form bezieht sich also auf das Jesuskind, den ankommenden Herrscher und späteren „König der Juden".

Zum Adventskranz gehört neben den Lichtern auch Grünes. Traditionell sind das meistens Tannen- oder Fichtenzweige. Grün symbolisiert weltlich die Erwartung des Frühlings, religiös die Hoffnung auf Auferstehung. Die Farbe steht für Ruhe, Harmonie und Geborgenheit. Das kleine Grün des Adventskranzes weist schon auf das große Grün des Weihnachtsbaumes hin.

Die Symbolkraft der Farbe Grün war in früheren Zeiten noch wirkungsvoller als heute. Von Dezember bis März fehlte diese Farbe in Stadt und Land. Im Hamburger Raum wuchsen von Natur aus keine Tannen, Fichten oder Kiefern. Als einheimische immergrüne Pflanzen kamen (und kommen) nur Stechpalme (Ilex) und Efeu in den norddeutschen Wäldern vor. Dabei zeigte sich die Umgebung Hamburgs in der Mitte des 19. Jahrhunderts ausgesprochen waldarm und kahl. Die älteren Waldbestände waren schon lange aufgebraucht worden, um Häuser zu errichten, Schiffe zu bauen und Energie zu erzeugen: Energie zur Produktion, zum Kochen und zum Heizen. Nach und nach sorgten Wiederaufforstung und Neuanpflanzung für mehr Baumbestand. Aber erst im 20. Jahrhundert ist die heutige „grüne Metropole“ Hamburg entstanden.

Der Adventskranz setzte sich im Brauchtum von Norden nach Süden durch, aber keineswegs schnell. Im katholischen Süddeutschland galt er zunächst als zu evangelisch. Allgemein populär wurde er im frühen 20. Jahrhundert, zunächst zaghaft durch die Wandervogelbewegung. Die jungen Leute des „Wandervogels“ stellten grüne Kränze mit Kerzen auf. Der Durchbruch des Brauchtums gelang dann im Ersten Weltkrieg. Damals wurde der Adventskranz nämlich in Lazaretten aufgehängt und sollte dort eine freundliche vorweihnachtliche Stimmung verbreiten. Die genesenen Soldaten übernahmen den Brauch später zuhause für ihre Familien. Damit erhielt der Adventskranz auch eine patriotische Funktion.

Nicht nur in Hamburg ist der Adventskranz bis heute unverändert und durchgehend beliebt. Es gab aber eine kurze Phase der Ablehnung. Zur Zeit der Studentenproteste wurde der Adventskranz als Symbol in Frage gestellt und verfremdet. 1968 hing im Gymnasium Oberalster in Hamburg-Sasel ein großer Adventskranz aus Stacheldraht.

Warum die Zahl der Kerzen am Adventskranz auf vier reduziert wurde, ist unklar. War das nur eine Sparmaßnahme? Die vier Kerzen symbolisieren natürlich die vier Adventswochen bzw. die vier Adventssonntage. Aber die

Zahl „Vier“ ist eine starke Symbolzahl, die noch mehr ausdrückt. Es gibt vier Jahreszeiten, vier Elemente, vier Himmelsrichtungen, vier Temperamente und vier Kardinaltugenden (Klugheit, Tapferkeit, rechtes Maß, Gerechtigkeit). „Vier“ steht auch für die kosmische Ganzheit. Und wer freut sich nicht über ein vierblättriges Kleeblatt? Übrigens kann man heute wieder einen Adventskranz mit 24 Lichtern kaufen …

Mit der Weihnachtsuhr die Tage zählen

Zum Advent gehört neben dem Kranz der Kalender – zumindest für Kinder. Der Adventskalender ist wie der Adventskranz noch keineswegs uralt. Die erste Nachricht aus Hamburg von einer Art Kalender stammt von 1851. Elise Averdieck (1808–1907) wirkte als Schriftstellerin, Pädago-

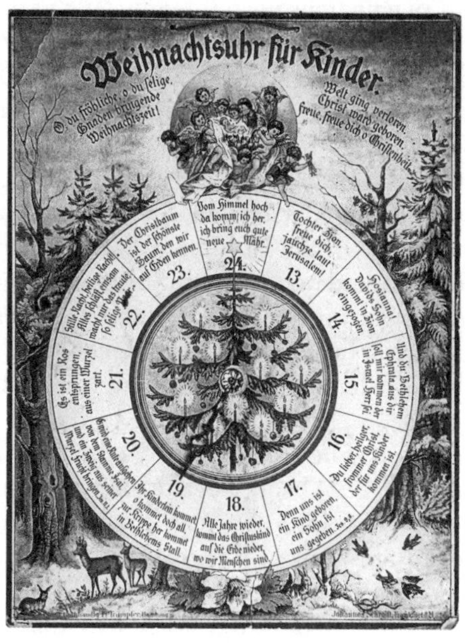

gin und Gründerin des Kranken- und Diakonissen-Mutterhauses Bethesda. Sie schrieb damals: „Jeden Abend kommt ein neues Bild an die Tapete, und die Kinder wissen schon, wenn alle 24 Bilder an der Tapete hingen, dann ist Weihnacht da." Das war also ein selbst gemachter „Kalender", der allmählich anwuchs, nicht der moderne, vorgefertigte Adventskalender aus Pappe, mit 24 Türchen und dahinter angebrachten Bildern. Der heutige Adventskalender entstand erst im 20. Jahrhundert. Und er hatte einen anderen Vorläufer: die Weihnachtsuhr, in Hamburg entworfen. Von ihr wird noch berichtet.

Was Elise Averdieck sich ausgedacht hatte, war schon vergleichsweise aufwendig. In anderen Familien malten die Eltern einfach 24 Kreidestriche auf die Tür. Die Kinder wischten dann jeden Tag einen Strich weg. Wieder andere Eltern legten jeden Tag einen Strohhalm in eine kleine Krippe. Dahinter stand der Gedanke, dass das Christkind am Weihnachtsabend weich gebettet liegen sollte. Dieser Brauch ist auch aus anderen Gegenden überliefert. Dort sollte er den Nachwuchs disziplinieren. Wenn die Kinder an einem Tag nicht artig waren, legten die Eltern keinen Halm in die Krippe. So waren die Kinder schuld daran, wenn das Christkind leiden musste, und hatten ein schlechtes Gewissen.

Wohl 1902 bot die Hamburger Evangelische Buchhandlung die erste Weihnachtsuhr an. Sie bestand aus Pappe, etwa in DIN-A4-Größe. In bunten Farben war ein Ziffernblatt mit Tagesdaten anstatt Stundenzahlen aufgedruckt. Der Zeiger im Zentrum bestand aus Metall. Man konnte ihn Tag für Tag weiterdrehen. Recht klein gedruckt befand sich auf jedem Tagessegment ein Vers eines Weihnachtsliedes.

Bemerkenswert: Die Zählung der Weihnachtsuhr endete zwar am Heiligen Abend, begann aber erst am 13. Dezember, dem Lucia-Tag, von dem noch berichtet wird. Also zählte die Uhr nur zwölf Tage. Das lässt sich vielleicht mit dem beschränkten Platz auf der Pappe erklären. Dann hätten es aber auch noch weniger Tage sein können. Wahr-

scheinlich nimmt die Zahl Zwölf Bezug auf die biblischen zwölf Apostel. Die magische Bedeutung dieser Zahl wird uns später noch einmal begegnen.

Auf einer neueren Weihnachtsuhr von ca. 1905, wie sie etwa in der Adventskalenderausstellung des Weihnachtshauses Husum zu sehen ist, sind schon 24 Tage eingezeichnet und mit Bibelversen versehen. Für den 9. Dezember beispielsweise steht dort folgender Vers: „Das Volk, das im Finstern wandelt, sieht ein großes Licht." (Jesaja 9,1)

1910 erschien die erste Bastelanleitung für eine Weihnachtsuhr. Mit der eigenen Herstellung konnte man ja Geld sparen. Auch diese Anleitung sah nur zwölf Felder vor, aber dazu Verse, die weder aus dem Gesangbuch noch aus der Bibel stammten, sondern rein weltlich waren, so zum Beispiel dieser ungelenke Reim:

„Abends, wenn die Lampe brennt,
hört man bimmel, bimmel!
Tripp, trapp kommt was angerennt,
das ist Christkinds Schimmel.“

Um dieselbe Zeit konnte man auch eine gedruckte Vorlage für einen Kalender kaufen, auf dem die Tage nebeneinander in einer Art Matrix angeordnet waren. Der Münchner Verleger Gerhard Lang hatte sie 1908 produziert. Zum Vordruck gehörten bunte Zeichnungen mit adventlichen Motiven. Die Kinder sollten sie ausschneiden und auf Pappe aufkleben.

Erst nach dem Ersten Weltkrieg wurden die heute üblichen, ganz und gar fertigen Adventskalender angeboten, allerdings noch ohne Füllung, nur eindimensional mit Bildern hinter den Türchen. Gefüllte Kalender, meistens mit Schokolade oder auch allerlei Krimskrams ausstaffiert, waren vereinzelt um ca. 1925 erhältlich, aber noch nicht als Massenprodukt. Eine zeitgenössische Reklame pries diese

Kalender denn auch „für anspruchsvolle Kreise“ an. In größerem Maßstab verkaufte ab 1935 die Firma PEA (Petzold & Aulhorn) Adventskalender mit Schokoladenfüllung. Nach 1945 hatte dieses Unternehmen übrigens seinen Sitz in Hamburg-Wandsbek.

Ungefüllte Adventskalender aus bunt bedruckter Pappe mit 24 Türchen stellt seit 1946 der Richard-Sellmer-Verlag in Stuttgart her. Er hat sich auf dieses Produkt spezialisiert und ist damit das ganze Jahr beschäftigt. Nicht nur die Schokoladen-Weihnachtsmänner entstehen also heute bereits im Frühjahr ...

Der erste Adventssonntag bezeichnet den Beginn des Kirchenjahres. Die liturgische Farbe des Advents ist violett – als Vermischung von Blau und Rot. Dabei steht Blau

für den Himmel und Rot für die Welt. Nur am dritten Adventssonntag, Johannes dem Täufer gewidmet, wechseln die liturgischen Behänge von violett auf rosa. Rosa, das aufgehellte Violett, verweist schon auf das weihnachtliche Weiß der Tücher an Altar und Kanzel. So soll gedämpfte Vorfreude auf Weihnachten ausgedrückt werden.

Wenn man im Advent die Tage zählte, waren einige Tage besonders wichtig. In der Adventszeit gab es neben dem eben genannten dritten Sonntag und dem Nikolaustag einen weiteren festlichen Höhepunkt: den Lucia-Tag (13. Dezember), benannt nach der Heiligen Lucia, einer Märtyrerin aus Syrakus. Am 13. Dezember vollzog sich bis zur Kalenderreform 1752 die Wintersonnenwende. Beim Lucia-Brauch tragen Mädchen einen Kranz mit brennenden Kerzen auf dem Kopf. In Hamburg wird der Brauch von der schwedischen Gemeinde gepflegt und jedes Jahr in der schwedischen Seemannskirche zelebriert, in der „Gustaf Adolfskyrkan“. Die Gustav-Adolfs-Kirche steht seit 1907 an der Ditmar-Koel-Straße in der Nähe der Landungsbrücken. Sie ist die älteste Hamburger Seemannskirche.

Der Thomas-Tag am 21. Dezember, ebenfalls ein wichtiger Tag im Advent, erinnert an den Apostel Thomas, den „ungläubigen Thomas“, der die Auferstehung Christi zunächst bezweifelte. Dieser Tag ist der kürzeste des Jahres. An ihm findet die Wintersonnenwende statt. Daher sind mit dem Thomas-Tag viele abergläubische Vorstellungen verbunden.

Bedeutsam war außerdem der Tag der heiligen Barbara (4. Dezember), an dem man heute noch Zweige von Blütensträuchern schneidet und in die Vase stellt. Gern werden Kirschenzweige genommen. Genau zu Weihnachten blühen sie dann auf. Barbara gehört zu den vierzehn Nothelfern. Sie ist Schutzheilige der Bergleute und anderer Berufe, die mit Feuer und explosiven Stoffen zu tun haben. Barbara tritt in Legenden auch als Begleiterin des Nikolaus auf und bringt mit ihm zusammen Geschenke. Die grünenden und blühenden Barbarazweige stehen ebenso wie das Grün am Adventskranz für die Hoffnung auf Auferstehung. Abergläubische hofften, Unglück vom Hause fernzuhalten, wenn sie Barbara mit den blühenden Zweigen ehrten. Am 4. Dezember orientierte sich auch eine alte Bauernregel: „Geht Barbara im Klee, kommt das Christkind im Schnee.“

Nikolaus und der Kinderbischof

Höhepunkt der Adventszeit ist heute der Nikolaustag am 6. Dezember. Die Kinder stellen ihre Schuhe abends am 5. Dezember vor die Tür, weil angeblich St. Nikolaus ihnen nachts gute Gaben in die Schuhe stecken wird. Der Heilige Nikolaus lebte tatsächlich. Sein Name bedeutet „Volkssieger". Nikolaus war im 4. Jahrhundert Bischof von Myra in der Türkei (Provinz Antalya). Über ihn gibt es viele Legenden. Er gilt als Schutzpatron der Seeleute. Daher sind besonders in Norddeutschland an der Küste viele Kirchen nach dem Heiligen benannt. In Hamburg gibt es eine Reihe solcher Kirchen: außer der bekannten historischen Hauptkirche St. Nikolai in der City (im Zweiten Weltkrieg zerstört und heute nur noch Mahnmal) die neue Hauptkirche St. Nikolai am Klosterstern, St. Nicolaus in Alsterdorf (Alsterdorfer Anstalten), die St. Nikolai-Kirche in Finkenwerder (19. Jahrhundert) und die mittelalterlichen Dorfkirchen St. Nicolai in Altengamme, St. Nikolai in Billwerder sowie St. Nikolai in Moorfleet. Insgesamt sollen in Deutschland mehr als 2000 Kirchen dem Heiligen Nikolaus geweiht sein.

Auf den maritimen Bezug der Nikolausgeschichte weist auch ein alter Brauch hin: Anstelle der Stiefel oder Schuhe für die Gaben des Nikolaus verwendeten die Kinder ursprünglich kleine, selbst gebastelte Schiffchen.

Nikolaus tritt als Freund der Kinder auf, speziell als Schutzpatron der Schüler. Nach der Legende erweckte er drei fahrende Schüler vom Tode. Im Mittelalter wurde daher in den Städten am 6. Dezember, Nikolaustag und gleichzeitig Ende des Schuljahres, ein Kinderbischof gewählt (episcopus puerorum). Diesen Brauch gab es auch in Hamburg, und zwar bei den Schülern der Domschule. Von staatlichen Schulen, Schulpflicht oder gar Schulen für Mädchen war damals noch keine Rede.

Zu Beginn des 14. Jahrhunderts wählten die Schüler – als „Kinder-Domherren" – am 30. November (Andreastag) einen Kinderabt und am Nikolaustag einen Kinderbischof.

Der Niklas kommt artige Kinder suchen
Und bringt ihnen Nüsse und Weihnachtskuchen.
Aber thut
Ein Kind nicht gut,
Dann bekommt es die Ruth,
Und der Niklas steckt es zum Weihnachtstag
In den Sack.

Der Knabe wurde wie ein echter Bischof in würdige Gewänder eingekleidet, erhielt am 6. Dezember einen Ehrenplatz im Dom und durfte dort nach dem Gottesdienst eine Ansprache halten. Anschließend zog er in vollem Ornat auf einem Pferd durch die Stadt, begleitet von älteren Mitschülern, die geistliche Lieder sangen. Die Jungen trugen Fahnen und lange Stangen, an denen Backwerk hing. Am Ende des Zuges liefen jüngere Schüler, die sich bunt verkleidet hatten. Sie traten zum Beispiel auf als Könige, Kurfürsten, Ratsherren, auch als Narren oder Heiden und sogar als Mohren oder Teufelchen. Die Knaben unterhielten die Zuschauer mit Streichen und sammelten Almosen. Zum Schluss verzehrten die Schüler ein Festmahl. Dieser Brauch wurde erst durch die Reformation abgeschafft.

Trotzdem besaß der Nikolaustag (bzw. sein Vorabend) weiterhin bis in das 19. Jahrhundert viel größere Bedeutung als heute. „Sunte Klaas“ (abgeleitet davon: Santa Claus!) galt als Tag der Geschenke, mehr als Weihnachten. Die Figur des Nikolaus wandelte sich. Nikolaus trat nun nicht mehr als Bischof auf, sondern als alter Mann mit langem weißen Bart. Und der gütige Kinderfreund erhielt rohe Begleiter. Einer dieser Begleiter war der „Pelzmichel“ oder auch „Pelzebock“. Aus dieser ursprünglichen Schreckensgestalt entwickelte sich allmählich der derbe, aber auch gutmütige Knecht Ruprecht.

In den praktisch orientierten bürgerlichen Hamburger Familien hielt man sich schon im frühen 20. Jahrhundert nicht mehr unbedingt an das herkömmliche

Brauchtum. Ascan Klée Gobert (1894–1967), der nach 1945 vorübergehend als Kultursenator fungierte und dessen Sohn Boy Gobert später das Thalia-Theater leitete, erinnerte sich an die Adventszeit seiner Jugend: „… unser … Santa Klaus hatte nichts mit gefüllten Strümpfen oder roten Stiefelchen zu tun, sondern an irgendeinem Abend vor Weihnachten gebot die Mutter, Teller vom täglichen Frühstücksgeschirr unter unsere Betten zu stellen, die dann morgens mit Süßigkeiten gefüllt waren."

Eine Aktion des Hamburger Abendblattes erfreute jahrelang nicht nur Kinder: 1958 bis 1963 ließ die Zeitung frühmorgens am 6. Dezember in ganz Hamburg 500 kleine, grüne Pantoffel auf den Straßen verteilen. Die glücklichen Finder konnten die Pantoffel gegen Weihnachtsgeschenke eintauschen. Wahrscheinlich musste die Aktion nicht nur aus Kostengründen eingestellt werden. Denn in den sechziger Jahren war die Hansestadt auf dem Weg zur Vollmotorisierung – die Pantoffel wären einfach von den Autos zerquetscht worden.

In jüngerer Zeit schrieb der niederdeutsche Autor Heinrich Kahl (1921–2010) aus Hamburg-Duvenstedt zum Nikolaustag ein Gedicht „för Naber sien Kind" (für das Nachbarskind). Darin heißt es: „Sankt Niklas kümmt bi Nacht hier her … Stell vör dat Finster dienen Schoh / un slaap denn man in gode Roh!"

Mühevolle Weihnachtswünsche

Auch wenn wir sonst nur elektronisch korrespondieren, versenden wir gern zu Weihnachten gekaufte oder selbst hergestellte Glückwunschkarten. Kinder notieren ihre Wünsche auf Wunschzetteln. Die historischen „Weihnachtswünsche“ im 18. und 19. Jahrhundert waren aber etwas ganz anderes. Auf kunstvollen Vordrucken dankten die Kinder ihren Eltern oder Paten und wünschten ihnen ein gesegnetes Weihnachtsfest, alles fein säuberlich in Schönschrift gezirkelt. Seit mindestens 1740 gab es solche Weihnachtswünsche in Hamburg. Das Altonaer Museum verfügt über eine reichhaltige Sammlung, vor allem von Wünschen aus dem 19. Jahrhundert.

Die Verzierungen auf den Weihnachtswünschen zeigten Figuren, biblische Darstellungen und Ornamente, oft in bunten Farben oder Gold und Silber. Den Text mussten die Kinder dann auf dem restlichen Platz schön ausgewogen platzieren, alles mithilfe von Schreibfedern und Tintenfass.

In einem solcher Weihnachtswünsche war die Rede von einer „Kindlichen Gratulation an die Höchstzuverehrende, Herzlichgeliebte und Werthgeschätzte Eltern zu dem hocherfreulichen Weynachts-Feste und bevorstehenden Neuen Jahre“. Nicht nur für die Eltern, sondern auch für die „teure Vaterstadt“ wurde Gottes Segen erfleht. Das Wilhelmsburger Museum (Museum Elbinsel Wilhelmsburg e. V.) hütet einen historischen Weihnachtswunsch mit folgendem Text: „Niemals werde ich vergessen, was ihr tatet an mir viel. Euch durch Lob und Dank zu ehren, sei mein höchstes Lebensziel.“ Wilhelmsburg ist heute ein Hamburger Stadtteil.

Vielfach schrieben die Kinder ihre Weihnachtswünsche in den Schulen. Die Texte für die Weihnachtswünsche gab wohl manchmal der Lehrer vor. Dann erhielten also alle Eltern einer Klasse dieselben Wünsche … Die Formulare auszufüllen, war für die Kinder aufregend und anstrengend. Der Hamburger Apotheker und Maler Berend Goos

Ich will Feindschafft se- 1 B:M:3 v.15 ken zwischen dir und dem Weibe
Zum Weyhnacht-Fest und Wechsel dieser Zeit, Bringt diesen Wunsch aus Pflicht u: Dankbarkeit
Johann Hinrich Rasmussen
Hamburg
A: 1816. d. 24 Dec.
Luc 1.
Siehe du wirst schwanger werden:
und einen Sohn gebähren,
v. 31.
Luc 2.
Euch ist heute der Heyland gebohren,
welcher ist Christus der HErr
v. 11.
Halt im Gedächt- niß JEsum Christ.

(1815–1885) blickte zurück: „Die Angst aber, mit der solche Wünsche angefangen wurden, wie zitternd und zagend die ersten Worte: Geliebte Eltern auf dem Papier entstanden, nachdem die Feder zwei- bis dreimal auf dem Vorlegebogen versucht worden war, und die Vorsichtsmaßregeln gegen Tintenkleckse oder fehlerhafte Buchstaben sind mir noch heute aufs deutlichste erinnerlich …"

Am Weihnachtsabend überreichten die Kinder die Weihnachtswünsche ihren Eltern und sagten dazu oft ein Gedicht auf. Andere stellten ihre Werke gut sichtbar auf einen Tisch im Weihnachtszimmer, das in bürgerlichen Familien extra für das Fest hergerichtet wurde. Manchmal ließen die Eltern die kunstvollen Wünsche rahmen und bewahrten sie noch lange auf. Bis in die Zeit nach dem Zweiten Weltkrieg hat sich von dem alten Ritual das Gedicht-Aufsagen erhalten.

In den Weihnachtswünschen spiegelt sich die Hamburger Geschichte wider, beispielsweise die Besetzung durch die Franzosen zu Beginn des 19. Jahrhunderts. Der Knabe Hanns Wullenweber aus „Lockstädt" (wohl Lokstedt, heute Hamburger Stadtteil) schrieb zu Weihnachten 1809

u. a.: „Gelobet sey mein Gott ... Beträue unser Land mit deiner Friedens Hand, so wird all Uebel je von uns durch dich gewandt.“

Im ausgehenden 19. Jahrhundert wandelten sich die Weihnachtswünsche in die heute noch geläufigen Wunschzettel. Für diese Zettel gab es anfänglich ebenfalls kunstvolle Vorlagen zum Abschreiben oder fertige Vordrucke. Die Wunschzettel richteten sich an das Christkind – mit aufgedruckter „Adresse“. Aus heutiger Sicht fielen die Wünsche teilweise befremdlich aus. Das Weihnachtshaus

Husum besitzt einen Wunschzettel, der die Wünsche eines Jungen dokumentiert: „1. Panzer, 2. Säbl, 3. Gewer, 4. Eisenbahn mit Schienen, 5. Kürassierhelm, 6. Festung, 7. Schokolade."

Älteren Kindern in Hamburg, zumal den Kindern nüchtern rechnender Kaufleute, bot die Adventszeit mit den Wunschzetteln nur wenig Aufregung. Das Budget der Eltern für die Geschenke war mehr oder weniger bekannt. Gobert erzählte: „Weihnachten kannte keine Überraschung, sobald man aus dem fiebernden Alter frühester Kindheit heraus war. Der Wunschzettel wurde ebenso wie bei Geburtstagen und Hochzeiten erfüllt, soweit er nicht mit jugendlichem Unverstand ausgefüllt war, jedoch verschwand dieser bald, denn man kannte den Satz. Dieser sicherlich aus der altkaufmännischen Kalkulation stammende Satz bestimmte alle Geschenke, Gaben, Spenden ..."

Wenn die Kinder ihre Wunschzettel ausgefüllt hatten, legten sie ihre Blätter abends auf eine Fensterbank. Von dort verschwanden die Zettel wie durch ein Wunder über Nacht. Im 20. Jahrhundert schrieben viele Kinder direkt per Post an den Weihnachtsmann. Das Weihnachtspostamt liegt in der Nähe von Hamburg, in Himmelpforten bei Stade. Auch heute noch geht dort jedes Jahr in großer Anzahl Weihnachtspost ein.

Rummelige Ablenkungen

Dunkle Umtriebe im Mariendom

Südlich der Petri-Kirche stand der imposante Mariendom, an der höchsten Stelle des alten Hamburg. Er beherrschte das Stadtbild. 1329 weihte Erzbischof Burchard von Bremen den Dom und verbot dabei, im Dom Handel zu treiben, was „den Gottesdienst stören oder die Augen des Herrgotts beleidigen könnte“. Gemeint war wahrscheinlich nicht Handel in der Domkirche selbst, sondern im

Kreuzgang. Über das Markttreiben entstand Streit zwischen dem Domkapitel, also der Kirchenleitung, und dem Rat. 1337 einigten sich beide Parteien darauf, dass die Händler nur in den Dom hineingehen durften „wegen plötzlichen Regens oder Schneefalls“. Sonst mussten die Verkäufer ihre Warenstände draußen aufbauen. Offenbar wurden die Beschränkungen aber nicht beachtet. Der Dom entwickelte sich zu einer Art Kaufhaus. Und das blieb auch so, bzw. wurde so erst recht nach der Reformation, als der Dom mit seiner Domgemeinde katholisch geworden war und nur noch selten Gottesdienste stattfanden.

Die Händler offerierten im Dom beispielsweise Lebensmittel, Bekleidung und Bücher, auch als das Gebäude zunehmend verfiel. So fragte ein städtischer Bediensteter zu Beginn des 17. Jahrhunderts in einem amtlichen Text: „Ist der Dom nicht ein kremer hauß, desgleichen nicht balde zu finden? Siehet man nicht zum großen ergerniße frömder und einheimischer Leute, daß die meisten stüele voll unflates, staubes und alte Lumpen (sind). Die Sessel (sind) zerbrochen, die Türen an den Stühlen hängen wie Diebe an den Galgen, die Kanzel ist voll Spinnweben."

Diese Umstände stießen die Käufer nicht ab, sondern wirkten im Gegenteil attraktiv. Besonders viele Käufer zog der Christmarkt im Dom an. Er begann acht Tage vor dem Fest und endete am Weihnachtsabend um zehn Uhr. Ein Besucher Hamburgs notierte 1668: „In des Dumes Umgänge stehn täglich allerhand Waren zu Kaufe; gegen Weihenacht aber ist drin eine kleine Messe, so in Warheit wol zu besähen." Gerade der Christmarkt drohte auszuarten. Johann Balthasar Schupp (1610–1661), der Pastor der benachbarten Jacobi-Kirche, wetterte um 1650: „Wann wird grösserer Wucher, grössere Schinderey und Betriegerey in Hamburg getriben, als an dem Christ Abend, in der Thumbkirchen ...?"

Der Christmarkt im Dom hieß im Volksmund einfach „der Dom“, und zwar nicht, weil er im Dom stattfand, sondern weil er der Markt des Domkapitels war. Alle anderen Märkte in Hamburg standen unter der Obhut des Rates. Das Domkapitel existierte auch nach der Reformation noch weiter. 1804 fand der letzte Gottesdienst im alten Mariendom statt.

Im Laufe der Zeit wurde der Weihnachtsmarkt in die Randbauten des Doms verlegt, in den „Schappendom“, wo schrankartige Buden standen („Schapp“ bedeutet „Schrank“). Ende des 18. Jahrhunderts konnten die Hamburger dort Weihnachtsgeschenke kaufen, beispielsweise „Nürnberger Tand“, also Spielwaren und Puppen. Die Puppen wurden angepriesen als „Cavaliers und Damen, wohl ausgezieret in allerhand kostbarer Kleidung“. Damals kam für Mädchen die Redewendung auf: „Se ist so smuck as’n Dompopp.“

Was konnte man auf dem Markt nicht alles bewundern: Geschenke für Kinder wie Nähkästchen, Zinnsoldaten, Schlitten, Schaukelpferde, Bilderbücher und Näschereien, aber auch „bunt bemalte Weihnachtsruten“; für Erwachsene gab es zum Beispiel Kleiderstoffe, Schmuck, Porzellan, Haushaltsgeräte. Wozu die „Weihnachtsruten“ dienten, werden wir noch hören.

Die inneren Räume des Doms nutzten Köche und Schankwirte. Sie boten dort zum Beispiel Würste oder Branntwein an. Das schilderte Dr. Albert Borcherdt in seinem Buch „Das lustige alte Hamburg“: „Dort hockten auf den Grabsteinen der alten Mönche und Ritter Verkäufer von heißen Würsten, oder Schankwirte, welche Grog und Punsch brauten …“ In der alten Kirche wurde also sogar gekocht.

Ganz geheuer war es im Dom nicht: Vor Taschendieben musste man sich hüten. Besonders abends wurde es gefährlich. Garlieb Helwig Merkel schrieb 1801: „Späterhin versammelte sich der Pöbel. Dann sieht man an den hellen Plätzen ein buntscheckiges, lumpiges, ekelhaftes Gesindel gaffen und toben; an den dunkeln Ecken sollen oft Leute bestohlen oder gemißhandelt werden …“

Im Dom gab es nicht nur dunkle Ecken, sondern der gesamte innere hintere Teil war überhaupt nicht beleuchtet. Merkel nannte den Dom in seinen „Briefen über Hamburg und Lübeck" ein altes „Eulennest" und deutete an, was sich „... in der sinkenden Kirche, in schauderhaftem Dunkel, unter Modergerüchen, auf wankenden Grabsteinen ..." abspielte. Besonders berüchtigt war das Grabmal der Grafen von Schauenburg mitten in der Kirche, der sogenannte „breite Stein". Hier kam es sogar zu intimen Begegnungen. Der letzte Hamburger (evangelische!) Domherr Friedrich Johann Lorenz Meyer (1760–1844) klagte: „Die sparsam erleuchtete Kirche ... bietet dann der Unsittlichkeit ihre dunklen Schlupfwinkel."

Auch sonst artete der Weihnachtsmarkt aus und endete nicht selten in Schlägereien. Dazu rotteten sich abends gewaltbereite Gruppen junger Männer zusammen: „Gegen sieben Uhr erschienen die Schlachtergesellen, kenntlich an ihren roten Jacken, rotsamtenen Mützchen und weißer Schürze, zu gleicher Zeit die Zuckerbäckerknechte in runder Pelzmütze von Fuchspelz mit langer roter Troddel, blauer Tuchjacke mit silbernen Knöpfen, mit riesigen weißen Schürzen angetan. Besonders die Letzteren, vielfach Bauernburschen aus Mecklenburg und aus der Lüneburger Heide, waren als unfriedfertig und zu Händeln und Gewalttat geneigt bekannt. Bei ihrem Erscheinen mahnte der ruhige Bürgersmann zum Aufbruch: Nu ward et Tied to Hus, de Zuckerbäckers kamt." Ähnlich äußerte sich Mosje Christian: „Der wahre Jubel im Dom ... geht aber erst des Abends an. Alsdann verfügt sich eine unzählige Menge Menschen aus allen Klassen dahin, nicht des Kaufens wegen, sondern sich stoßen und drängen, mitunter auch wohl einmal prügeln zu lassen. Denn unsre Soldaten halten hier mit ihren Lanzen die strengste Mannszucht, besonders unter den Zuckerbäcker-Knechten und Leuten ähnlichen Schlages, die nur auf Lärm und Spektakelmachen ausgehen."

Um 1700 besaß die Zuckersiederei in Hamburg ebenso große wirtschaftliche Bedeutung wie das Bierbrauen. Über

360 Betriebe stellten mit einem langwierigen Verfahren raffinierten, festen Zucker her. Dabei wirkten Hitze, Kalkwasser und Ochsenblut mit. Das Endergebnis waren spitze weiße Kegel, die zur unteren Hälfte in blaues Papier eingehüllt wurden. Angeblich übertraf der Hamburger Zucker „an Festigkeit, Weiße, Süße und Haltbarkeit" alle Konkurrenzprodukte. Den Rohzucker importierten Hamburger Reeder aus Westindien. Von den dortigen Zuckerrohrplantagen werden wir noch lesen. Im Jahr 1651 reimte der Hamburger Dichter Georg Greflinger (1620–1677) Rätselverse über den Zuckerhut:

„Oben spitzig, unten breit,
durch und durch voll Süßigkeit,
Weiß am Leibe, blau am Kleide,
zarter Mäuler liebe Freude,
Gut zum Tranke, gut zur Speis',
es zerschmilzt wie Schnee und Eis,
Mäßig dienet es bei allen,
übermäßig wird's zur Gallen;
(Es bestehet jede Freud
in der rechten Mäßigkeit.)
Die mir dies weiß aufzugraben,
soll's zur kalten Schale haben."

Sillem's Bazar und andere Verlockungen

Der Weihnachtsmarkt im Dom richtete sich wohl kaum an die Armen, sondern an das mittlere Bürgertum. Wer sich einen anspruchsvolleren Geschmack leisten konnte und die Verhältnisse im Dom zu unsicher fand, besuchte Ausstellungen feinerer Waren. Schon Ende des 18. Jahrhunderts richteten Händler in der Nähe des Doms Weihnachtsausstellungen ein, beispielsweise am Jungfernstieg. Dort offerierten die Kaufleute Delikatessen, feine Stoffe, Kunstgegenstände, aber auch die gerade modern gewordenen „Havanna-Cigarros".

Eine der berühmtesten Weihnachtsausstellungen bot „Sillem's Bazar" (historische Schreibweise, nach engli-

scher Manier). Unter „Basar“ versteht man heute karitativ orientierte Weihnachtsmärkte, oft mit Kunsthandwerk oder Bastelwaren. Das Wort „Basar“ stammt aus dem Persischen und bedeutet „Markt“. Sehr viel eleganter als einen orientalischen Markt hatte Wilhelm Sillem (1804–1885) seinen „Bazar“ drei Jahre nach dem großen Stadtbrand in Hamburg von 1842 gebaut.

Der „Große Brand“ von 1842 zerstörte fast das gesamte Stadtzentrum, ermöglichte aber eine großzügige, moderne Stadtplanung. Das gewaltige Wüten der Flammen wurde mit dem Abbrennen Magdeburgs im Dreißigjährigen Krieg verglichen. Heinrich Heine (1797–1856) kommentierte: „Ob der einschläfernden Influenza des Friedens ward vielleicht von der Vorsehung solche aufrüttelnde Feuermedicin ordonnirt.“ Aber selbst zwei Jahre später waren Obdachlosigkeit und Not noch nicht behoben. Der Staatswissenschaftler und Politiker Robert von Mohl (1799–1875) schrieb über seinen Besuch in Hamburg: „Hamburg sah noch traurig genug aus. Gebaut wurde freilich an allen Ecken und Enden, allein fertig war noch wenig; zum Beispiel einige der großen Gasthöfe am Jungfernstieg, welche denn auch auf das höchste überfüllt waren.

Alles war noch provisorisch; die Abgebrannten wohnten noch zum Teile in hölzernen Baracken, wo sie auch ihr Gewerbe betrieben."

Umso eindrucksvoller musste der Bazar 1845 wirken. Der spätere Architekt des Hamburger Rathauses, Martin Haller (1835–1925), beschrieb das Gebäude zur Zeit seiner Jugendjahre so: „Der Bazar war jene ... nach dem Vorbild der Galleries St. Hubert in Brüssel durch Averdieck erbaute schöne Passage, die den Jungfernstieg mit der Königstraße verband und mit großem Luxus an Marmor und Statuettenschmuck ausgeführt war." Die Königstraße wurde später in „Poststraße" umbenannt und heißt noch heute so – nach dem historischen Postgebäude, der „Alten Post".

Auf beiden Seiten des Mittelgangs von Sillem's Bazar lagen Läden. In der Adventszeit schmückten die Ladenbesitzer den Eingangsbereich der Passage mit einem riesigen Christbaum. Sie veranstalteten auch ein „Promenadenkonzert", um Kauflustige anzulocken. Die „Leipziger Illustrirte" lobte: Die Passage „... übertrifft ihre Vorbilder, jene eleganten und bei schlechtem Wetter ebenso angeneh-

men und nützlichen Passagen in Paris und London an Schönheit im allgemeinen und geschmackvoller Ausführung aller Einzelteile". Sillem erhob ein Eintrittsgeld von fünf Schilling, die Anlage blieb daher exklusiv. Allerdings entpuppte sie sich für Wilhelm Sillem als Fehlinvestition. Nach 40 Jahren wurde die Passage mit dem zugehörigen Hotel abgerissen. 1882 entstand dort das Hotel „Hamburger Hof", heute wieder zu einer Einkaufspassage umgebaut.

Einige Jahre später als Sillem eröffneten die Gebrüder Keiling in ihrem „Apollo-Saal" einen Weihnachtsbasar. Das Gebäude zwischen Dammtorstraße und Drehbahn war in mehrere Säle unterteilt und bot Platz für tausend Menschen. 1853 wurde es noch erweitert und war laut Hamburgischem Adressbuch von 1854 das größte „Local" in Hamburg für Konzerte und Bälle. Das Adressbuch lobte: „In Betreff der Ausstattung lassen die Arrangements der Gebr. Keiling Nichts zu wünschen übrig." Hier konnten die Hamburger einen Weihnachtsmarkt erleben, ohne zu frieren oder nass zu werden.

Geboten wurde allerhand: Marktstände waren aufgebaut, darunter sogar eine Schießbude. Kulissen aus Pappmaché boten weihnachtliche Atmosphäre. Zauberkünstler und Handpuppenspieler traten auf. Ein großes Orchester mit 32 Musikern sorgte für musikalische Untermalung. Im größten Saal war ein riesiger Weihnachtsbaum aufgestellt. Aufwendige Kulissen aus Pappmaché zierten die Wände. Rundherum drehte sich ein Karussell mit Fabeltieren. Die Betreiber, also die Gebrüder Keiling, warben jedes Jahr mit großen Ankündigungen wie „Riesen-Weihnachts-Bazar", „Bazar aller Wunder der Welt" oder „Eldorado-Wunder-Weihnachts-Bazar".

Der große Erfolg dieses „Indoor-Weihnachtsmarktes" führte zu Nachahmungen, so im „Colosseum" des Wirtes Sagebiel, der auch das heute noch existierende Lokal „Sagebiels Fährhaus" in Blankenese führte. Aber die Attraktivität der Märkte in geschlossenen Räumen nahm ab, als sich Direktoren „richtiger" Theater erfolgreich über die

Konkurrenz beschwerten und in den Basaren keine Theaterstücke mehr aufgeführt werden durften. Einige Veranstalter konnten sich in den Folgejahren den großen Aufwand für die Basare nicht mehr leisten. Nur zwei Etablissements, darunter das von Sagebiel, hielten bis zum Beginn des Ersten Weltkriegs durch.

Zum „Dom" auf den Gänsemarkt

1802 wurde der Hamburger Staat Eigentümer der alten Domkirche. Der Rat entschied sich dafür, das Gebäude abzubrechen. Einige Ausstattungsstücke wurden verkauft. Zum Beispiel kam die historische Glocke von 1487 in die Altengammer St. Nicolai-Kirche. Glasfenster aus dem Dom erhielt die Ludwigsluster katholische Kirche. Dort kann man sie heute noch betrachten. Reste der Altäre werden im Nationalmuseum Warschau aufbewahrt. Die Grabplatten verwendeten die Hamburger ganz profan, unter anderem zum Kanal- und Sielbau sowie zur Deichbefestigung.

Als die Domkirche abgebrochen werden sollte, mussten die Hamburger einen neuen Platz für den Weihnachtsmarkt suchen. Der Rat beschloss im November 1804, die Veranstaltung auf den Gänsemarkt zu verlegen. Dort fand dann auch gleich im selben Jahr der Christmarkt statt. Man sprach nun vom „Neuen Dom“, später nur noch vom „Dom“. Über den Christmarkt auf dem Gänsemarkt „mit allen seinen Herrlichkeiten“ schrieb Mosje Christian: „Da sieht man die Vorhöfe des Tempels mit Tischen und Buden belagert, die nicht bloß mit Produkten des Verstandes, sondern auch mit Produkten des Witzes, mit Spiel und Puppenwerk für die Kinder, mitunter auch von Spielwerken höherer Art für Damen und Herren besetzt sind, daß diese sich die Zeit im Feste mit solchen neuen Schöpfungen der Mode und des Witzes auf eine würdige Art vertreiben können.“

Während der „Franzosenzeit“, also der leidvollen Zeit der napoleonischen Besatzung Hamburgs von 1806 bis 1814, nahm das Interesse am „Dom“ auf dem Gänsemarkt ab. Der Dombetrieb wurde schließlich eingestellt. Aber ab 1814 lebte die Veranstaltung wieder auf. Albert Borcherdt erinnerte sich: „Auch am Gänsemarkt sind wieder Buden errichtet. Gleich rechts von der Kunst steht die berühmte Vierschillingsbude, daneben der bekannte Kuchen-Burmester mit Bremer und Braunschweiger Honig-, Zucker- und Pfefferkuchen, wie Orangenüssen auf Oblaten, Bonjes, Hirschhorn- und Pflaumentorten.“ In der „Vierschillingsbude“ konnte man offenbar allerlei für den Einheitspreis von vier Schillingen erwerben. „Bonjes“ oder „Bontsches“ heißen noch heute in Hamburg die Bonbons.

Nach 1820 breitete sich der „Dom“ vom Gänsemarkt in die benachbarten Straßen weiter aus, über den Zeughausmarkt und Großneumarkt bis zum Burstah. 1825 standen die ersten Kuchenbuden auf dem Großneumarkt. Der „Dom“ war nun drei Wochen vor Weihnachten geöffnet. Einige Schausteller waren treue Stammgäste. So bot der Holländer Jan de Bruin (1796–1869) jahrzehntelang holländische Waffeln und Poffertjes an. Seine Nachkommen führten die Tradition im 20. Jahrhundert fort.

Neben dem eigentlichen „Dom“ gab es den „Kuddelmuddel-Dom“, mit mehr Trubel, viel Geschrei der Händler und billigeren Waren. Um die Mitte des 19. Jahrhunderts kamen Jahrmarktsbuden hinzu: „... allerlei Schaustellungen, Affen- und Flohtheater ..., Türken erscheinen mit Schmucksachen, Italiener mit Alabasterwaren und Holländer mit Schmalzkuchen.“ Außerdem gab es „anatomische Präparate, Wachsfiguren, Panoramen, Automaten, Zauberkünste, Puppenspiel, fremde Menschen und Akrobaten ...“ Um die Mitte des 19. Jahrhunderts waren angeb-

lich alle freien Plätze in der Hamburger Innenstadt mit Buden besetzt. Auf dem Gänsemarkt wurde der „Dom“ zuletzt 1880 veranstaltet. Ab 1881 fand er am Dammtorwall beim Holstentor statt.

Damals war der „Dom“ für viele Hamburger der Höhepunkt des Jahres. Der Schriftsteller und Maler Carl Reinhardt (1818–1877) merkte in seinem Roman „Der fünfte Mai“ an: „Der Hamburger ist im allgemeinen sparsamer und vorsorglicher Natur und bemüht sich das ganze Jahr hindurch, für diese Zeit Geld zurückzulegen. Er erlaubt sich dann etwas und zieht an der Spitze seiner Familie umher, um alle Herrlichkeiten zu betrachten und dazwischen keine Station zu übergehen, auf der ihm eine leibliche Stärkung angeboten wird." Der Dombesuch endete meistens mit der Einkehr in ein Speiselokal: „Der Glanzpunkt eines solchen Wanderabends für den kleinen Mittelstand ist der Augenblick, in dem in einer Restauration ein Tisch erobert wird und das Haupt der Familie für jeden Kopf eine Portion Karpfen mit Meerrettich bestellt, wozu noch zwei Flaschen Rheinwein kommen. Dann folgt der Moment, wo Mama den jüngsten Familienmitgliedern die Portionen etwas zum Vorteil Papas und ihrer selbst kürzt. Das Familienhaupt bestellt den Punsch, woran wieder Kürzungen eintreten, und die besorgte Hausfrau muss endlich den allzu gut gelaunten Papa fast gewaltsam in das Schlepptau nehmen, weil er im Punschanschaffen rücksichtslos wird ..."

Das „Domgehen" wurde gern mit dem Einkaufen von Geschenken in „normalen" Läden verbunden. Emilie Weber freute sich noch im Alter darüber, in ihren Jugenderinnerungen von 1836 bis 1851: „Es gab auch schon damals auf dem richtigen Weihnachtsmarkt allerlei zu sehen. Da war ein Affentheater, ein Wachsfigurenkabinett, Buden mit Merkwürdigkeiten, Riesen, Zwergen, wilden Tieren

usw., aber das bekamen wir alles nicht zu sehen, solchen Trubel liebten unsere Eltern nicht. Wir gingen mit ihnen in einige große Läden, Beinhauer, Oppenheimer auf dem Neuenwall, Spielzeugläden, Schäben auf dem Burstah und Konditor Lüdert in der Brandstwiete ... Überall wurden Weihnachtseinkäufe gemacht, und am meisten freuten wir uns, wenn es hieß: Geht mal ein wenig nach hinten oder nach vorne und beseht euch dort die Sachen ..."

Ein Drehorgel-Spieler besang im 19. Jahrhundert den „Dom" mit diesem Lied:

„Dat Wiehnachts-Fest kummt heran,
dat Jahr deit so rum loopen.
In den Dom kann Jedermann
för Geld veel Schönes koopen,
drum so lat uns lustig sein,
un Wiehnachtsmark mit maaken,
denn hier handelt Jedermann,
hier gifft dat schöne Saaken."

Über einen Dombesuch des wohlhabenden Hamburger Bürgertums auf dem Gänsemarkt schrieb Martin Haller in seinen Erinnerungen: „Hier wurden einige Scherzartikel wie Blechtrompeten, Schnarren, Waldteufel, Hampelmänner und dergleichen erstanden, Schießbuden besucht, doch Guckkasten oder Anatomisches Theater gemieden. Besondere Anziehung boten die Rheinischen Walnüsse, die von Verkäufern in blauer Bluse aus einer großen Tonne verkauft wurden, sowie die berühmten Kientjes und Waffeln, die schrecklich nach Hundefett rochen ..." Diese „Domfahrt" der „besseren Gesellschaft" endete weniger volkstümlich: „Nachdem man sich etwa zwei Stunden herumgetrieben, kehrte man, sei es in einigen Droschken oder in einer Break, zur Stadt zurück und kehrte in einem der vielen Austernkeller wie Utesch, Iden, Zeppenfeld ein, wo die Glieder aufgetaut wurden, der Magen sein Recht erhielt und die Expedition in lustigster Stimmung um ein oder zwei Uhr nachts ihren Abschluß fand."

Diese „Domfahrt", die Martin Haller und seine Verlobte unternahmen, verlief nach einem strengen Reglement. Junge, unverheiratete Leute mussten sich von einem älteren „Anstandspaar" begleiten lassen. Eine Anekdote berichtet darüber: „Manchmal nahm ein Anstandspaar seine Aufgabe reichlich ernst, hielt die Teilnehmer mit eiserner Hand zusammen und beanspruchte auch für sich die Entscheidung, welche Genüsse den jungen Leuten zu gestatten und welche ihnen vorzuenthalten seien." So verbot noch um 1900 eine „besonders energische Patronin" den jungen Leuten, die Bude mit der „Dame ohne Unterleib" zu betreten. Nur die Teilnehmer reiferen Alters durften hinein – und bekamen nicht mit, dass die anderen mittlerweile in der Bude gegenüber „die andere Hälfte der Dame" angesehen hatten …

„Waldteufel" wurden damals nicht nur in Hamburg auf Weihnachtsmärkten angeboten. Dieses Lärminstrument ließ sich einfach herstellen, wie in einem Spielbuch für Jungen von 1895 beschrieben wurde: „Die Herstellung … beruht darauf, daß der durch Reibung erzeugte Schall nach einem hohlen Gefäß geleitet wird, das ihn wie ein Resonanzboden verstärkt. Das oberste Ende eines Holzstäbchens wird mit etwas geschmolzenem Kolophonium bestrichen, um dasselbe eine lose Schleife, am besten aus Pferdehaaren gehängt, und das eine Ende derselben nach dem Boden einer offenen runden Büchse aus Pappe, der Trommel, geführt. Sobald man den Stab schwingt, dreht sich die Trommel im Kreise um denselben, und die Schleife bringt durch Reiben an dem Harze einen knarrenden Ton hervor."

Auf dem Weihnachtsmarkt kamen Arm und Reich in Berührung, wie sonst kaum im Jahr. Das Personal der Buden und Stände stammte aus der ärmeren Bevölkerung. Besonders Knaben wurden zum Verkauf eingesetzt, zum Beispiel die „Waldteufeljungens", die so zum Lebensunterhalt ihrer Familien beitragen konnten – vielfach beitragen mussten. Die Armen wohnten noch um 1900 dicht gedrängt und unter unwürdigen Bedingungen in den sogenannten „Gängevierteln". Diese Armen-Ghettos lagen in der Altstadt (um die Steinstraße herum) und der Neustadt (um die Kaiser-Wilhelm-Straße). Die Wohngebiete wurden amtlich als „gesundheitlich besonders bedenklich" eingestuft. Dort waren 1892 bei der Cholera-Epidemie die meisten Toten zu beklagen. Nur ein winziger Rest des Gängeviertels in der Neustadt ist erhalten.

Albert Borcherdt erzählt von seinem Dombesuch: „Ferner waren im Dom gelehrte Hunde, wie Lelie , der berühmte Zögling des Herrn von Straalen aus Amsterdam, ausgestellt, die mit großer Fertigkeit Domino und Sechsundsechzig spielten. Auch fette, meist aus der Schweiz stammende Damen, außerordentlich schwere Riesenochsen sowie Kälber mit zwei Köpfen zählten zu den stehenden, reellen Domsehenswürdigkeiten ... Desgleichen wurden schon damals von den Hunden und Affen Festungen gestürmt und was dergleichen die Kinderwelt entzückende Künste mehr sind."

Auf dem „Dom" wurden auch Gänse verkauft, eben Weihnachtsgänse, aber offenbar nicht direkt auf dem Gänsemarkt. Carl Reinhardt fabulierte: „Ist die wichtige Wahl der Gans vollzogen, so geht man weiter und ersteht noch ein paar wilde Enten, worauf man einen Hasen erhandelt. Nun setzt sich der Zug nach dem Gänsemarkt in Bewegung, wo er sich in einen grünen Tannenwald verliert, aus

dem der Christbaum gewählt wird, mit dem die Nachkommenschaft im Triumph nach Haus zieht."

Besonders große Anziehungskraft besaß der Zauberkünstler Friedrich Johann Lorgie. Seine Bude, stets von Schaulustigen belagert, stand in den 1860er-Jahren auf dem Großneumarkt. Zu Beginn seiner Vorstellungen bot „Professor" Lorgie, wie er sich nannte, gleich einen Höhepunkt: Scheinbar durchbohrte er seinen Diener mit einem

Degen. Aus einem Zylinder zog er Bälle, Becher, Bänder, Täschchen und Lampions, aus Mund, Nase und Ohren eines Zuschauers blitzende Taler. Er schloss seine Darbietungen meistens mit einer „Geistererscheinung". Die Zuschauer applaudierten begeistert, denn es war die Zeit der spiritistischen Übungen, des Tischerückens und ähnlicher Kontaktaufnahmen mit angeblichen Geistern aus dem Jenseits.

Der Dammtorwall war nicht der letzte Standort des „Doms". Nach 1890 verlegte der Senat den Markt auf das Heiligengeistfeld. Dort findet noch heute der „Hamburger Dom" statt. Dieser „Dom", der nun im November seine Tore öffnet, ist das größte Volksfest Norddeutschlands. In den „Richtlinien für die Vorbereitung und Durchführung von Volksfesten auf dem Heiligengeistfeld" von 2011 heißt er offiziell „Dommarkt" und hat seinen „Hauptzweck in der Belustigung und der Unterhaltung der Besucherinnen und Besucher". Der Ausdruck „Dom" ist in Hamburg so tief verwurzelt, dass die Kinder sogar traditionelle Jahrmärkte in den Vororten „Dom" nennen – für Auswärtige höchst unverständlich.

Christi Geburt in Lebensgröße

Der eigentliche Sinn der Adventszeit, die Vorbereitung auf das Christfest, spielte beim Dom-Rummel keine Rolle. Aber es gab auch für die ernsthafteren Gemüter Belehrung, Erbauung und Unterhaltung, nämlich bei Krippenspielen und Krippenausstellungen. Krippenspiele fanden im Mittelalter seit dem 13. Jahrhundert am Heiligen Abend statt, um den leseunkundigen Gottesdienstbesuchern die Geschehnisse der Heiligen Nacht näherzubringen. Denselben Zweck erfüllten dreidimensionale Nachbildungen von Christi Geburt, also Figuren der Heiligen Familie mit Ochs und Esel in einem Stall. Die Krippen stammten ursprünglich nicht aus Deutschland, sondern aus Italien. Sie setzten sich zunächst in Süddeutschland durch und hielten sich auch nach der Reformation.

In der ersten Hälfte des 18. Jahrhunderts bis über die Mitte hinaus waren Krippenausstellungen in Hamburg sehr beliebt. Die Hansestadt besaß damals weltstädtisches Flair. Hamburg glich eher London, Bordeaux oder Boston

als den Städten des deutschen Hinterlandes. Die wohlhabenden Bewohner hatten also hohe Ansprüche, auch an das Kunsthandwerk.

Die Krippenausstellungen fanden in verschiedenen Räumen statt, am Speersort, dem Dovenfleet oder auf dem Hopfenmarkt, und wurden in den Zeitungen groß angekündigt. 1707 lautete eine Anzeige: „Denen curieusen Liebhabern wird hiermit bekannt gemacht, daß allhier auf dem Spers-Orth in der Posementirer-Gesellschaft, gleich neben dem vergüldten Arm, bei brennenden Lichtern in Lebens-Größe die Geburt Christi, oder Joseph und Maria mit dem Christ-Kindlein, vielen Engeln, denen H. drey Königen, und dem König Herodes, sampt unterschiedlichen anderen Persohnen zu sehen sind. Und werden gemeldte Sachen des Morgens von 10 biß Abends umb 9 Uhr, biß auf künftigen Freytag Abend presentiret werden." In einer Annonce von 1756 hieß es: „Zu sehen ist eine neue künstliche Wachs-Arbeit in vollkommener Menschlicher Lebens-Grösse, im Ansehn wie natürliche Menschen, darin wird vorgestellet: die Geburth Christi, Joseph und Maria mit dem Christ-Kindelein in der Krippen liegend. Über dem Geburts-Hause steht der Stern, welcher die Weisen aus dem Morgenland geleitet nach dem Geburts-Hause Christi. Die Weisen bringen ihre Geschencke, Gold, Weyhrauch und Myrrhen, dabei befinden sich die Hirten auf dem Felde bey den Schaafen, da kömmt der Engel Gabriel und verkündiget den Hirten die grosse Freude von der Geburt, worüber sie sich alle verwundern. Bey der Geburth ist auch zu sehen der König Herodes." Illuminiert wurde die Ausstellung mit Kerzenlicht.

Wann die Hamburger erstmals zu Hause Krippen aufstellten, ist nicht überliefert. Gegen Ende des 19. Jahrhunderts waren Krippen anscheinend im Bürgertum schon weit verbreitet. Eine entsprechende Beschreibung bietet Walter Kempowski (1929–2007). Der Schriftsteller stammte aus Rostock, hatte aber mütterlicherseits Vorfahren in Hamburg-Wandsbek. In seinem autobiografisch gefärbten Roman „Aus großer Zeit" erzählt er, wie sein Großvater, der Kaufmann de Bonsac, um 1900 in seiner Wandsbeker Villa die Krippe aufbaute: „Dann wird die bayerische Krippe aufgebaut, die man sich nach und nach hat schicken lassen, jedes Jahr ein Stück dazu, mal einen

Hirten und mal ein Schaf, alles systematisch und alles ganz geheim. Die Kenntnisse, die man im Schlachtenpanorama gesammelt hat, werden dabei angewandt. In die Moosplacken hinein wird er gebaut, der zugige Stall, künstlich-kümmerlich mit der sorgend über die Krippe gebeugten Maria – nach Botticelli – und dem bärtigen Joseph im Hintergrund: treu, fest, eisern. Der Esel guckt von draußen in die Hütte hinein, und der Ochse liegt breit da, und sogar ein Hund ist vorhanden: mit der Kehrseite zur Krippe wird er aufgebaut, den Schafen zugewandt, die den Kopf heben, als wollten sie singen: Ehre sei Gott in der Höhe."

Andere Hamburger Bürger stellten die Krippen selbst her. Louis Gurlitt (1812–1897), zeitweilig Präsident des Hamburger Künstlervereins, erinnerte sich an die Weihnachtsbasteleien seines Vaters, darunter auch eine Krippe: „In einer mit Rasenflächen, Bäumen und schönen Wegen gezierten Landschaft erhoben sich mehrere Gebäude, unter ihnen der Stall, in welchem das Christkind in der Krippe, Maria davor, Joseph am Eingang zum Stall knieend. Ochs und Esel waren natürlich nicht vergessen. Sämtliche Figuren waren geschickt aus Teig geknetet und mit Leimfarben zierlich bemalt. Auf dem Rasen standen zwei Hirten und hörten überrascht die frohe Botschaft der Geburt des Heilands, die ihnen von einem Engel, der an dem hervorragendsten Baum schwebte, verkündet wurde."

Im 20. Jahrhundert erwarben betuchtere Hamburger künstlerisch gestaltete Krippenfiguren. So erzählte Ascan Klée Gobert, dass seine Familie „eine schöne Krippe aus Rothenburg" sammelte, „die bald einen besonderen Tisch benötigte". Wer arm war, konnte wenigstens eine Krippe aus Pappe basteln. Seit dem Ende des 19. Jahrhunderts wurden entsprechende Bastelbögen angeboten.

Auch in neuester Zeit wurden noch Krippen gebaut, so 1979 in Altengamme. In der dortigen Kirche St. Nicolai steht zu Weihnachten eine große Krippe, aus Eiche geschnitzt. Sie verlegt Christi Geburt in die Vierlande. Das Krippengebäude ähnelt der historischen Altengammer Schule, die Menschen tragen Vierländer Tracht, ein Vierländer Schäfer ist als Hirte dargestellt. Nach Weihnachten wird die Krippe in einer Truhe verstaut. Auf dem Deckel kann man die Worte lesen: „Hüte dich nur und bewahre deine Seele wohl, dass du nicht vergessest der Geschichte, die deine Augen gesehen, und dass sie nicht aus deinem Herzen komme all dein Leben lang. Und sollst deinen Kindern und Kindeskindern kundtun."

Zu den Krippenausstellungen gehören bis heute auch Krippenspiele, bei denen Kinder die Weihnachtsgeschichte darstellen. Solche Spiele sind manchmal verbunden mit dem Quempassingen. „Quempas" ist die Abkürzung der ersten beiden Worte des lateinischen Kirchenliedes „Quem pastores laudavere …“, auf Deutsch: „Wen die Hirten lobeten sehre …“ Mit diesem Gesang und mit brennenden Kerzen ziehen Knaben in die Kirche ein und spielen das weihnachtliche Geschehen nach.

Ganz weltlich ausgerichtet sind die Weihnachtsparaden, die seit einigen Jahren an den Adventssonnabenden über die Mönckebergstraße ziehen. Mit Kostümen, Uniformen, riesigen Figuren, Musik und künstlichem Schnee sollen sie zum Weihnachtseinkauf locken. Die Wichtel, Elfen, Rentiere und Feuerwehrautos haben mit der Weihnachtsgeschichte nichts zu tun. Immerhin sind aber auch ein paar Engel dabei …

Keine Quellen gibt es über die Entstehung der Weihnachtsfeiern von Vereinen und Betrieben. Es ist aber bekannt, dass die vielen Ausflugslokale am Rande Hamburgs im Winter von Familien- und Vereinsfesten lebten. Die Massen kamen nämlich nur in der warmen Jahreszeit. So wurden 1913 zu Pfingsten 17.000 Ausflügler im Wohldorfer Wald gezählt, die mit der Kleinbahn angereist waren.

Vorbereitung auf das Fest

O Tannenbaum

Zu Weihnachten gehört heute unbedingt ein „Tannenbaum", zumindest in Familien mit kleinen Kindern. Aber diese Sitte ist noch gar nicht so alt und sie stammt ebenso wie der Adventskranz aus dem protestantischen Norden Deutschlands. In der Literatur ist immer wieder davon die Rede, dass bereits in der frühen Neuzeit zu Weihnachten Tannenbäume aufgestellt wurden. Genannt wird dabei gern Straßburg. Genauer erforscht sind diese Angaben aber nicht. Zu den ersten Schriftstellern, die in ihren Werken über Weihnachtsbäume schreiben, gehört Goethe. In seinen „Leiden des jungen Werthers" erwähnt er einen Weihnachtsbaum. Der Roman erschien 1774 und spielt in der Nähe von Straßburg, wo Goethe studiert hat. Die Literatur berichtet auch von „Weihnachtsmaien", grünen Zweigen, mit denen angeblich schon im späten Mittelalter die Stuben geschmückt wurden.

Doch nun nach Hamburg. Im 18. Jahrhundert waren Weihnachtsbäume dort noch unbekannt, vom Mittelalter ganz zu schweigen. Um eine feierliche Stimmung zu erzeugen, stellten bürgerliche Familien am Weihnachtsabend Lichter auf den Esstisch oder den Gabentisch. 1735 verfasste der Hamburger Barockdichter Albrecht Jacob Zell (1701–1754), der auch Telemann Texte für dessen Kirchenmusik lieferte, diese Verse:

> „Wird je ein Kind im gantzen Jahre froh,
> So wird es um die Abendzeit
> Vor dem hochheiligen Weynachts-Fest
> Gantz ungemein erfreut;
> Gewohnheit will es so,
> Daß sich der Eltern Huld durch Gaben blicken lässt.
> Ich habe selbst mit Lust der Freude zugesehen:
> Das Kind sah einen Tisch mit Lichtern stehen …"

Das Licht war ein Symbol für den Gottessohn. Es sollte Segen spenden und Unglück abwenden. Lange Zeit waren die Weihnachtslichter der einzige Weihnachtsschmuck. So erinnerte sich Elise Averdieck, geboren 1808, daran, dass in ihrer Kindheit die – wenigen – Weihnachtsgeschenke auf einem Tisch lagen, umgeben von Lichtern.

Vorläufer und Konkurrenten des Weihnachtsbaumes waren im 18. und auch noch im 19. Jahrhundert in Hamburg die Weihnachtspyramiden: „Von einem Untersatzbrett gingen von den vier Ecken mit Tannenzweigen oder Buschbaum umwundene Stäbe, die in einer Spitze mit Fahne von Flittergold zusammentrafen. An den Stäben, zwischen denen wohl ein oben befestigter Wachsengel schwebte, befand sich neben allerlei Schmuck, wie ihn auch der Tannenbaum aufweist, eine Anzahl Lichter, die in

Tüllen steckten, welche mit schmalen Blechstreifen an den Stäben befestigt waren. Kinder aus unbemitteltem Stande verkauften sie wohl auf der Straße: Söß nee blickerne Wihnachtslüchter für eenen Schilling. Auf dem häufig mit einem kleinen Holzzaun umgebenen Fußbrett fand sich nicht selten aus Holz, Pappe, Moos und Spiegelglas gebildet – ein Ergebnis längerer häuslicher Bastelarbeit – eine kleine Gartenanlage mit Grotten, Teichen, Brücken und den dazu gehörigen menschlichen Gestalten, auch wohl eine Krippe, Genoveva mit ihrem Sohne Schmerzensreich oder andere das Kindergemüt besonders ansprechende Gegenstände." Die Gartenanlage war also pittoresk gestaltet, dem damaligen Gartengeschmack nachgebildet.

Die Weihnachtspyramiden wurden fertig gekauft, manchmal auch selbst geschmückt, und auf dem Gabentisch platziert. Albert Borcherdt erinnerte sich: „Dieselben bestanden aus vier in ein Brett gesteckten, sich oben zu einer Spitze vereinigenden Stöcken, die man mit Tannenreisern umwickelt hatte. Die Spitze schmückte eine mit Schaumgold überzogene Lehmkugel, über welcher eine Fahne aus Flittergold prangte, während die Pyramide selbst mit bunten Papierschnitzeln verziert war. Unten auf dem mit Moos bedeckten Fußbrett aber lag eine roh aus Ton geformte Figur, meist Genovefa mit der Hirschkuh."

Bemerkenswert, dass nicht die Heilige Familie dargestellt wurde, sondern die Heilige Genoveva. Die Legende von der Heiligen Genoveva hat mit Weihnachten überhaupt nichts zu tun. Wenn man unbedingt einen Zusammenhang suchen will, könnte man darauf hinweisen, dass Genoveva einen kleinen Sohn hatte, mit dem Namen „Schmerzensreich". Aber, wiederum erstaunlich: Auch noch im 20. Jahrhundert galt die Legende offenbar als „weihnachtlich". Die Hamburger Wochenzeitung „Die Zeit" druckte die Geschichte 1947 in ihrer Weihnachtsausgabe ab.

Die Weihnachtspyramide in der Familie des Malers Berend Goos sah anders aus als die der Familie Borcherdt. Goos blickte zurück: „(Wir hatten eine) Pyramide aus vier oben zusammenlaufenden mit Buchsbaum oder Tannenlaub dicht umwundenen Stäben bestehend, oben mit einer Fahne aus Flittergold verziert. Der untere viereckige Raum enthielt die schönsten Gartenanlagen mit Grotten, Teichen, Brücken sowie den passenden Figuren versehen, alles aus Moos, Strohblumen, Pappe und Spiegelglas angefertigt. Die belaubten Seitenrippen der Pyramide dienten zugleich als Halter der das ganze hell bestrahlenden bunten Wachskerzen, und im Inneren hing noch von der Spitze herab ein schwebender Wachsengel, recht niedlich anzuschauen." Zur biblischen Weihnachtsgeschichte hatte also auch diese Pyramide keinen Bezug.

Später standen die Pyramiden teilweise noch neben den Weihnachtsbäumen. Manche Familien schufen auf der Standfläche des Baumes einen „Weihnachtsgarten". Er sollte ein Sinnbild dafür sein, dass zu Weihnachten das Paradies auf die Erde zurückkehren würde. Tatsächlich fanden im Mittelalter am 24. Dezember Paradiesspiele statt, zu denen auch die Darstellung des Baumes der Erkenntnis gehörte, der mit Früchten des Lebens geschmückt wurde. Hier zeigt sich also ein sehr alter Ursprung des Weihnachtsbaumes. Jedenfalls hat der „Tannenbaum" keinen heidnischen Ursprung, wie oft fälschlich behauptet, insbesondere von den Nationalsozialisten, die anstelle des christlichen Weihnachtsfestes das angeblich altgermanische „Julfest" propagierten.

Die älteste bildliche Darstellung eines Weihnachtsbaumes aus dem Hamburger Raum – und sogar aus Norddeutschland allgemein – zeigt einen Tannenbaum im Jahr 1796. Hugo Bürkner (1818–1897) zeichnete in Schwarz-Weiß eine Weihnachtsfeier im Wandsbeker Schloss mit prominenten Teilnehmern. Die Zeichnung soll um 1865 entstanden sein und sich auf eine Zeichnung von Theobald von Oer gestützt haben. Auch der Historienmaler Oer (1807–1885) hatte die Weihnachtsfeier nicht selbst erlebt. Die Darstellung ist also eine fantasievolle Idealisierung.

„Wandsbeck" war damals ein Holsteiner Flecken, also ein größeres Dorf. Heute ist der Hamburger Stadtteil haupt-

sächlich durch Matthias Claudius bekannt, den „Wandsbecker Bothen". Gerade Claudius und seine Frau Rebecca gehörten zur Festgesellschaft im Schloss auf Bürkners Darstellung. Das Wandsbeker Schloss war eigentlich kein Schloss, sondern ein imposantes Herrenhaus. Heinrich Graf von Schimmelmann (1724–1782), Großkaufmann, Finanzberater der dänischen Krone und seinerzeit angeblich der reichste Mann Europas, hatte den Gutshof 1762 erworben und prächtig ausgebaut. Im Park standen Treibhäuser zur Zucht exotischer Früchte, darunter auch Ananas.

1796 war nicht nur Schimmelmann selbst längst tot, sondern auch seine Witwe Caroline Tugendreich Friedeborn war 1795 gestorben. Der in Düsseldorf geborene, wohlhabende Philosoph Friedrich Heinrich Jacobi hielt sich ab 1794 aus Angst vor den anrückenden französischen Revolutionstruppen in Holstein auf, ebenfalls in Wandsbek. Sehr wahrscheinlich logierte er im Schloss. Zum Freundeskreis auf der Zeichnung von Bürkner gehörten auch Friedrich Gottlieb Klopstock, der seit 1770 in Hamburg lebte und in ganz Deutschland verehrt wurde, außerdem Friedrich Perthes, der künftige Schwiegersohn von Matthias Claudius, sowie die Brüder Christian und Friedrich Leopold zu Stolberg-Stolberg.

Auch Wilhelm von Humboldt war 1796 zu Gast in Hamburg. Er besuchte damals Klopstock und reiste nach Wandsbek zu Claudius. Den Wandsbeker Boten schätzte er so ein: „Brav, gutmüthig, herzlich, gesellig und in der Gesellschaft witzig und launig in hohem Grade. Doch soll er von dieser seiner Originalität viel verloren haben. In religiösen Ideen soll er schwärmerisch und mystisch sein.“ Neun Jahre später erhielt Claudius Besuch von Joseph von Eichendorff mit seinem Bruder Karl. Wandsbek war damit um 1800 ein literarisch bedeutsamer Ort in Deutschland.

Auf Bürkners Darstellung ist der Wandsbeker Baum hauptsächlich mit hell leuchtenden, großen Kerzen geschmückt. Der Baum steht auf einem Tisch und hat die Form eines „Hochstamms“. Seine unteren Zweige sind entfernt worden – aus heutiger Sicht ungewöhnlich. Jetzt werden „natürliche“ Tannenbäume bevorzugt, die bis an das untere Stammende Zweige tragen. Sie stehen meist auf dem Fußboden. Auf einem kleinen Tisch – wie in Wandsbek – ist allerdings ein Hochstamm praktischer, weil man so mehr Platz für die Geschenke hat.

Das Hamburger Bürgertum folgte der Wandsbeker Inszenierung nur langsam. Es war zunächst keineswegs sicher, ob sich der Weihnachtsbaum gegen die Weihnachtspyramiden durchsetzen würde. Der Hamburger Oberaltensekretär Ferdinand Beneke (1774–1848) notierte Hei-

ligabend 1806: „Nachmittags wuchs schnell ein Weihnachtsbaum auf der grünen Tischdecke." Das war in seiner Familie das erste Mal, zuvor hatte es nur Wachslichter gegeben.

Die niederdrückende Besetzung Hamburgs durch die Franzosen führte die Stadt Hamburg und ihre Bewohner in den Ruin. Man musste sich auf das Überleben konzentrieren und hatte weder Zeit noch Geld für weihnachtliches Brauchtum. Nach der überstandenen Franzosenzeit stieg dann offenbar die Nachfrage nach Weihnachtsbäumen schnell an, denn der Hamburger Senat erließ in den Jahren 1818 und 1819 Verordnungen gegen den Import von Tannenbäumen nach Hamburg „ohne Nachweis des Erwerbs".

Um 1840 war der Weihnachtsbaum anscheinend im Hamburger Bürgertum schon weit verbreitet. In einem

Jahrbuch für junge Menschen für 1831 stand bereits: „Ohne Christbaum ist jede Weihnachtsfreude doch nur halb." Carl Reinhardt meinte dazu: „ Die Lust am Weihnachtsfest wurzelt zu tief im deutschen Gemüte, und die Erinnerung an die frühe Jugendzeit mit dem märchenhaft erscheinenden Christbaum wird dann jedesmal zu lebhaft wieder aufgefrischt, um gleichgültig gegen dieses Fest zu sein."

Eine zeichnerisch bearbeitete Fotografie aus der Zeit um etwa 1870 zeigt den Festsaal des Gutshauses Wohldorf, das schon seit dem Mittelalter zu Hamburg gehörte. Dort feierte die Familie Koopmann Weihnachten, deren Finanzmittel aus einer Exportschlachterei auf St. Pauli stammten. Der dargestellte Weihnachtsbaum ist etwa doppelt so hoch wie der größte Mann auf der Abbildung, also ein kolossales Exemplar. Außer Kerzen zeigt er keinen Schmuck. Der riesige Weihnachtsbaum als solcher wirkte schon als Statussymbol.

Ende des 19. Jahrhunderts vertonte der Kantor an der St. Petri-Kirche, Wilhelm Koehler-Wümbach, ein Gedicht von Otto Schlotke, in dem der Tannenbaum bereits ganz selbstverständlich vorkam, wenn auch erst in der zweiten Strophe:

„Tannenbaum mit hellen Lichtern
strahlt in jedem Kämmerlein,
weckt auf fröhlichen Gesichtern seines Glanzes Widerschein.
Buben, Mägdelein umringen freudestrahlend ihren Baum,
Kindermund erfüllt mit Singen und mit Jauchzen jeden Raum."

Wie die Weihnachtsbäume in die Stadt kamen

Auf einer Lithografie aus dem Jahr 1840 bildete der Hamburger Künstler Peter Suhr (1788–1857) junge Leute – wohl Dienstboten – ab, die auf dem Jungfernstieg mit Weihnachtsbäumen unter dem Arm unterwegs sind. Sie befinden sich am Rand der Darstellung und sind Nebenfiguren.

Trotzdem ist das vielleicht die erste Abbildung von Tannenbäumen in Hamburg, wenn auch im Rohzustand, also noch nicht geschmückt. Damals wurden also schon Weihnachtsbäume in der Innenstadt verkauft. Aber woher kamen die Bäume? Von Natur aus wuchsen und wachsen in Norddeutschland keine Fichten und schon gar keine Tannen. Wurden damals – wie heute – Plantagen im Hamburger Umland angelegt? Das ist für die ersten beiden Jahrzehnte des 19. Jahrhunderts unwahrscheinlich, denn von der Pflanzung kleiner Jungpflanzen oder gar Aussaat bis zur „Ernte" einigermaßen vorzeigbarer Weihnachtbäume vergehen etliche Jahre. Die Gärtner konnten auf den wachsenden Bedarf also nur langsam reagieren.

Stammten die Bäume vielleicht aus den hamburgischen Waldungen? Im Wohldorfer Wald, den die Hansestadt mit den Walddörfern im Mittelalter erworben hatte, hatten Förster Ende des 18. Jahrhunderts die ersten Nadelholzkulturen angelegt, und zwar durch Aussaat. Eine Karte von 1783 zeigt anstelle der bisherigen Blöße „Köllerloge" eine Tannenkoppel, durch Einfriedung geschützt. Dabei ging es natürlich nicht um die Erzeugung von kleinen Weihnachtsbäumen, sondern um die Erzeugung von Holz.

Es handelte sich außerdem nicht um echte Tannen, sondern um Fichten und Kiefern. Damit sich die Schonungen nicht zu engen Stangenholzungen entwickelten, waren Durchforstungen nötig, die Weihnachtsbäume hätten liefern können. Bekannt ist darüber nichts. Wahrscheinlich stammten die Weihnachtsbäume zu Beginn des 19. Jahrhunderts also weder aus hamburgischen Wäldern noch aus Plantagen in Holstein, sondern wurden von weiter her eingeführt, per Schiff oder Frachtwagen. Um die Mitte des 19. Jahrhunderts ermöglichte das neue Verkehrsmittel Eisenbahn günstigere Transporte. Tannenbäume kamen dann aus dem Harz oder dem Thüringer Wald nach Hamburg.

Besser überliefert als die Herkunft der Tannenbäume ist der erste Standort des Weihnachtsbaum-Verkaufs. Das war der Gänsemarkt, von dem wir schon als Platz für den neuen „Dom" gehört haben.

Die Weihnachtsbäume erreichten teilweise gewaltige Dimensionen, wie bei Familie Koopmann, und waren überreich geschmückt – natürlich nur in wohlhabenden bürgerlichen Familien. In einer Geschichte von Elise Averdieck aus

dem Jahr 1850 mit dem Titel „Die Weihnachtszeit“ heißt es: „Da steht ein großer Tannenbaum, wohl mit fünfzig brennenden Wachslichtern und ganz behängt mit goldenen und silbernen Äpfeln, Nüssen, Mandeln, Eiern und mancherlei Zuckerwerk.“ Ob es solche luxuriösen Verzierungen wirklich gab, muss offen bleiben. Fünfzig Wachslichter waren jedenfalls nicht billig. Interessant sind die Eier als Baumschmuck, die auch bei dem Husumer Dichter Theodor Storm auf dem Weihnachtsbaum zu finden sind.

Riesig war der Weihnachtsbaum bei den Eltern des Hamburger Schriftstellers Joachim Maass (1901–1972) vor dem Ersten Weltkrieg: ein Baum, „der mit seinen ausladenden Zweigen unten die ganze hintere linke Zimmerecke ausfüllte, wie er denn auch die ganze Stubenhöhe einnahm, so daß die Engelsfigur, die seine Spitze zierte, in verzückter Auffahrt das eine Ärmchen hochgereckt, geradewegs durch die Decke in einen imaginären Himmel der Seligkeit hochjauzen zu wollen schien.“

In Hamburg breitete sich der Brauch nach und nach von der inneren Stadt in das Landgebiet aus, und von den wohlhabenden Familien zu den ärmeren. So standen um 1870 in den Vierlanden Weihnachtsbäume nur bei den Bauern und Großkätnern in den Stuben. In der Bevölkerung gab es sogar Widerstand gegen die Weihnachtsbäume, jedenfalls, wenn sie in der Kirche aufgestellt werden sollten. Dabei gingen viele Menschen wohl davon aus, dass Tannenbäume ein heidnischer oder katholischer Brauch seien.

Ohne Protest 1871 stellte Pastor Behrmann in der Curslacker Kirche (Vierlande) den ersten Weihnachtsbaum auf. Rückblickend notierte er: „Der Hl. Abend hatte sich bisher von den übrigen Abenden des Jahres nur dadurch unterschieden, daß an ihm mehr gegessen wurde als je.“ Der Gottesdienst mit dem Weihnachtsbaum im Lichterglanz wurde ein Erfolg. Behrmann wurde später Hauptpastor an der St. Michaelis-Kirche und machte dort eine andere Erfahrung. Als er in den 1880er-Jahren im Michel erstmals zwei Weihnachtsbäume aufstellen ließ, kritisierte das ein Mitglied des Kirchenvorstandes mit den Worten: „Jetzt sehe ich es kommen, daß in unserer Kirche auch das Meßglöckchen klingt und das Weihrauchfaß geschwungen wird.“ Tatsächlich war es historisch genau andersherum: Vom protestantischen Norden aus setzten sich die Weihnachtsbäume allmählich auch in den katholischen Gegenden Mittel- und Süddeutschlands durch.

In den Hamburger Kirchen wurden seit dem Beginn des 20. Jahrhunderts dann – wie auch heute noch – ganz selbstverständlich und ohne Streit Weihnachtsbäume aufgestellt, beispielsweise in der Bergstedter Dorfkirche. Diese Kirche ist eine der ältesten in Hamburg, wenn nicht die älteste überhaupt. Bergstedt gehört allerdings erst seit 1937 zu Hamburg und war zuvor preußisch.

Der Weihnachtsbaum ist, wie schon gesagt, ein Abbild des christlichen Paradiesbaumes. Sein Grün steht wie beim Adventskranz für die Auferstehung und das ewige Leben. Die Hoffnung, die der Baum ausdrückt, war Weihnachten 1892 in Hamburg nach der schweren Cholera-Epidemie besonders vonnöten. Über 8.000 Menschen verloren im Spätsommer ihr Leben und hinterließen viele Waisen. Im Gedicht „Zum Weihnachtsbaum für Hamburgs Waisen“ drückte Karl Woermann ihnen sein Mitgefühl aus. Die letzten beiden Strophen lauten so – wobei unter „sie“ die

Stadt Hamburg zu verstehen ist:

„O grausige Monde, die jüngst sie durchlebt hat!
O Schrecken und Elend!
Das Blut in den Adern
Erstarrte den Kühnsten
Beim Anblick des Jammers.
Ein Strom von Gift, floß die Elbe zum Meere.
Achttausend Männer, Frauen und Kinder
Verschieden in Qualen
Und jammernd flehten
Die Waisen um Brot.

Da trug ein jeder, der Hamburg liebte,
Herbei sein Scherflein.
Sogar die Dichtkunst,
Die brotlos arme,
Versuchte zu helfen!
Und sieh! durch den Nebel brachen die Sterne.
Den Schmerz entflammten die Lichter der Liebe;
Und festlich nun leuchtet
Verlassenen Waisen
Der Weihnachtsbaum."

Richtig populär bei breiteren Bevölkerungsschichten wurde der Weihnachtsbaum erst nach dem Deutsch-Französischen Krieg und noch mehr durch den Ersten Weltkrieg, als in den Lazaretten Weihnachtsbäume aufgestellt und entsprechende Fotos auf Postkarten verbreitet wurden. Die Entwicklung verlief also ähnlich wie bei dem Adventskranz. Zur Verbreitung der Weihnachtsbäume trug auch die Erfindung der erschwinglichen Kerzen aus Paraffin oder Stearin bei, die nach und nach die Wachskerzen ablösten.

Um 1900 legten findige Bauern im Umland der Stadt Tannenbaum-Plantagen an. Damit war wohl mehr Geld zu verdienen als mit Getreide oder Kartoffeln. Per Pferdewagen wurden die Bäume in die Stadt geschafft. Der Stormarner Lehrer und Autor Ludwig Frahm (1856–1936) hat das

an einem 24. Dezember so beobachtet: „... ut'n Lann her treckt en Wagen heran. Hoch is he mit Dannböm beladen. Dat Geschäft mit Wiehnachtsböm hett god gahn. Gestern Abend hebbt se rein utverköfft. Nu sünd se all in de Nacht losföhrt, hebbt noch en Ladung halt, um die letzten Köpers noch to versorgen."

Damals kannte jedes Schulkind das Gedicht von Gustav Falke über „Die Weihnachtsbäume":

„Nun kommen die vielen Weihnachtsbäume
aus dem Wald in die Stadt herein.
träumen sie ihre Waldesträume
weiter beim Laternenschein?
...
Dann stehen sie da, so still und selig,
als wäre ihr heimlichster Wunsch erfüllt,
als hätte sich ihnen doch allmählich
ihres Lebens Sinn enthüllt;

als wären sie für Konfekt und Lichter
vorherbestimmt, und es müßte so sein.
Und ihre spitzen Nadelgesichter
blicken ganz verklärt darein."

Gustav Falke stammte aus Lübeck, lebte aber später zeitweilig und am Ende seines Lebens in Hamburg und war seinerzeit eine Berühmtheit. Der Hamburger Senat gewährte ihm sogar einen Ehrensold.

Um 1900 standen Weihnachtsbäume übrigens nicht nur in den guten Stuben der Hamburger. Sie wurden auch auf den Gräbern der verstorbenen Familienangehörigen aufgestellt. Auf dem Ohlsdorfer Friedhof, 1877 eröffnet, zählte man damals regelmäßig zu Weihnachten mehrere hundert Tannenbäume. Die Menschen begaben sich dorthin wie im Sommer zum Sonntagsausflug – denn der Friedhof war durchaus ein Ziel für solche Ausflüge.

Im 20. Jahrhundert kauften die Hamburger auch gern einen lebenden Tannenbaum, den sie nach dem Fest auspflanzen konnten. Gobert berichtete aus den 1920er-Jahren: „Sorgfältig wurde der Baum gewählt, ja einmal kam er mit Wurzeln aus dem Odenwald und steht noch heute dreißig Meter hoch im Nachbargarten.“

Seit vielen Jahren gibt es in Hamburg sogar einen geschmückten Weihnachtsbaum auf offener Straße, genauer gesagt im Zentrum von Lemsahl-Mellingstedt, einem nördlichen Stadtteil von Hamburg. Dort auf dem ehemaligen Dorfplatz stellt die Freiwillige Feuerwehr am zweiten Adventssonntag einen großen Tannenbaum auf und schmückt ihn mit bunten Weihnachtspaketen. Nachmittags um 16.00 Uhr findet dann das traditionelle Adventssingen statt, eine Veranstaltung der Jubilate-Kirchengemeinde und des Heimatbundes Lemsahl-Mellingstedt. Die örtliche Presse schrieb im letzten Jahr etwas holprig: „Für den festlichen Rahmen sorgt der von der lokalen Feuerwehr aufgestellte hell erleuchtete Weihnachtsbaum. Die instrumentale Begleitung übernimmt der kirchliche Posaunenchor. Liedertexte sind vorhanden. Auch an das leibliche Wohl der Teilnehmer ist gedacht. Es werden Glühwein für Erwachsene und Kinderpunsch ausgeschenkt." Ohne gutes Essen geht es im Advent nicht – daher bieten die Veranstalter unter dem Tannenbaum auch „Berliner" an.

Kein Weihnachten ohne Maiblumen

Derzeit kaufen die Hamburger besonders gern die „Nordmannstanne" aus Skandinavien als Weihnachtsbaum, die aber anders als die einheimische Fichte nicht aromatisch duftet. Seit rund 60 Jahren dienen auch andere immergrüne Pflanzen als Weihnachtsschmuck. So hängt man Zweige der Stechpalme (Ilex) über die Haustür oder schmückt da-

mit Kränze an der Tür, am liebsten die Zweige mit roten Beeren. Dieser Brauch wurde aus dem angelsächsischen Raum übernommen, in Hamburg verstärkt wohl zur britischen Besatzungszeit nach dem Zweiten Weltkrieg. Der Ilex ist immerhin ein einheimischer immergrüner Zweig, der vorzugsweise im Unterholz nordwestdeutscher Wälder wächst.

Mistelzweige werden seit ca. 1980 vereinzelt auf den Weihnachtsmärkten verkauft. Der britische Brauch, einen Mistelbusch mit roten Bändern in den Türrahmen zu hängen, hat sich hier aber nicht durchgesetzt. Dabei ist die Mistel eine besonders geheimnisvolle Pflanze, die in winterlich kahlen Bäumen mit ihrem Grün auffällt. Sie spielte in der alten Volksmedizin und im Aberglauben eine bedeutende Rolle. Aus der klebrigen Umhüllung der Mistelsamen stellten unsere Vorfahren bis in das 20. Jahrhundert den Leim zum Vogelfangen her, damals eine selbstver-

ständliche Nahrungsergänzung, heute geächtet. Das Besondere: Unter dem Mistelbusch dürfen Menschen andere küssen, auch wenn sie einander sonst nicht kennen. Allerdings müssen sie dafür nach England fahren …

Ein weiterer Lieferant für grünen Weihnachtsschmuck ist der Buchsbaum, ein in Teilen giftiger Strauch. Noch giftiger sind die „Weihnachtssterne“, Wolfsmilchgewächse aus den Tropen, die seit einigen Jahrzehnten die weihnachtlichen Fensterbänke zieren. Bei ihnen steht im Gegensatz zum Grün das Rot im Vordergrund. Der Weihnachtsstern blüht allerdings nicht rot, sondern hat nur große rote Hochblätter rund um die unscheinbaren Blüten, um Insekten zur Bestäubung anzulocken.

Geheimnisvoll wirkte schon immer die „Christrose", also die Schwarze Nieswurz, die oft bereits zu Weihnachten blüht, wenn es weder Grün noch Blüten in der Natur gibt. Oft wird im Advent auch die „Rose von Jericho" auf Weihnachtsmärkten verkauft, die abgestorben erscheint, aber vom Regen oder Gießen wieder ergrünt. Auch dies wird als Weihnachtswunder empfunden.

Nicht mehr modern als Weihnachtsboten, sogar völlig vergessen, sind Maiglöckchen. Vom ausgehenden 19. Jahrhundert bis um ca. 1930 waren sie fester Bestandteil des Weihnachtsfestes, besonders in Hamburg, weil sich in den Vierlanden ein Zentrum der Maiglöckchenzucht befand.

Jens Baggesen besuchte auf seiner Deutschlandreise Ende des 18. Jahrhunderts auch die Vierlande und notierte: „Hier beginnen die Vierlande oder das Kanaan der Hamburger. Die außerordentliche Fruchtbarkeit, welche diese ganze von Elbarmen und verschiedenen Kanälen durchschnittene Fläche auszeichnet, übertrifft jede Vorstellung. Die gesamte weitläufige Landschaft, die eigentlich der Elbe abgewonnen ist, stellt einen einzigen wohlbebauten Garten dar, in dem man die Dörfer und die hier und da verstreuten Bauernhöfe als ebenso viele Gartenlauben ansehen könnte." „Die Bauern sind allgemein reich, dick und fett. Die Frauenzimmer, die ich sah, waren, obgleich ein bißchen zu drall, recht hübsch, einige sogar schön. Ihre Tracht ist nicht unvorteilhaft … Im übrigen luxuriert hier nicht nur das Pflanzenreich, auch das Tierreich scheint üppig zu sein. In einem einzigen Haus in Neu-Gamm zählte ich außer anderen Speisevorräten vierundzwanzig ungeheure Schweineschinken unter der Decke."

Maiglöckchen (im alten Hamburg „Maiblumen" genannt) sind eine traditionelle Symbolpflanze und gehören heute (wieder) zur Ausstattung von Konfirmanden, bei

Mädchen auf dem Gesangbuch, bei Jungen am Anzugrevers befestigt. Die duftende, einheimische Pflanze wird schon auf mittelalterlichen Gemälden sinnbildlich für Unschuld und Bescheidenheit dargestellt. Sie gehört zu den symbolisch bedeutsamen Marien-Blumen in den gemalten Paradiesgärten, zusammen mit beispielsweise Lilien oder auch Erdbeeren (die wundersam gleichzeitig blühen und fruchten). Das Maiglöckchen drückt aber auch die Hoffnung auf Wiederkehr des Frühlings aus, die Hoffnung auf Auferstehung. Nach einer Legende wuchsen Maiglöckchen aus den Tränen Marias unter dem Kreuz.

Maiglöckchen, speziell seltene Zuchtformen, konnte man in den Gärten reicher Hamburger Bürger schon im 17. Jahrhundert bewundern. Sie wuchsen aber auch wild in der Umgebung und wurden als Arzneipflanzen gesammelt, wie Johann Rist beschrieben hat. Rist (1607–1667) war Pastor in Wedel und ein bedeutender Dichter seiner Zeit. Er gründete den Elbschwanenorden, einen Dichterbund, und war bekannt als Gartenliebhaber. Kaiser Ferdinand III. ernannte ihn zu einem kaiserlichen Hofpfalzgrafen. Rist wurde 1653 geadelt.

Im 18. Jahrhundert verkauften Vierländerinnen die „Maiblumen“ zum Frühling in Hamburg als Schnittblumen. Auf Niederdeutsch hießen die Pflanzen „Lütte Lilln“, also „kleine Lilien“. Joachim Mähl ehrte die „lütje Lill“ 1892 zu Weihnachten mit einem Gedicht:

„Wa eenfach is, du lütje Lill,
Dien Antog un Kledagsch,
Ahn allen Putz un Firlefanz,
Ahn Prunk un ahn Ambrasch.
Un doch, wat is't en Staat mit di
Un wat en stille Pracht,
Dat, wenn man di betrachten deiht,
Dat Hart in'n Liev een lacht.“

Ab etwa 1850 entstand der Brauch, zu Weihnachten blühende Maiglöckchen zu verschenken. Um die Nachfrage zu befriedigen, gründeten Bauern Anbauzentren auf geeigneten Böden, unter anderem in den Hamburger Vierlanden. Zuerst in Curslack züchteten Gärtnereien die Gartenmaiglöckchen und Maiglöckchenkeime für die Treiberei. Der Maiglöckchenanbau entwickelte sich bis zum Ersten Weltkrieg zu einem der wichtigsten Erwerbszweige der Vierlande. Ab 1860 wurden Maiglöckchenkeime exportiert, seit 1880 sogar in die USA. Die Maiblume war die beliebteste Weihnachtsblume in Deutschland und gehörte als relativ preiswerter Wohnungsschmuck unbedingt zum Fest. Wie mag es wohl damals zu Weihnachten in den Hamburger Wohnstuben gerochen haben – nach einer Mischung aus Fichtennadeln, Baumharz und Maiglöckchen?

Im 19. Jahrhundert verkauften Vierländerinnen in ihrer typischen Tracht auf Hamburger Märkten Maiglöckchen zum Weihnachtsfest. Die blühenden Pflanzen und die Treibkeime wurden mit Schiffen in die Stadt transportiert. Ab 1889 fuhr der Raddampfer „Maiblume“ von Curslack

nach Hamburg. Später gelangten die Maiblumen mit der Vierländer Eisenbahn in die City. Der Raddampfer fährt schon lange nicht mehr, und die Vierländer Eisenbahn wurde 1961 eingestellt. Sie hatte Bergedorf mit Zollenspieker verbunden.

Glitzernd oder schmackhaft: der Baumschmuck

Der Weihnachtsbaum ist grün, wird aber bunt durch den Baumschmuck. Man kann sogar sagen, dass der Baum vor allem als eine Art Gestell für den Schmuck dient. Dabei wechselten die Moden im Laufe der Zeit. Zwei Typen von Schmuck lassen sich unterscheiden: rein dekorative Verzierung einerseits und Essbares andererseits. Als die Mode der Tannenbäume aufkam, bestand der Schmuck noch vorwiegend aus Leckereien. Der Weihnachtsbaum war ein „Fressbaum". Das passte zu der Vorstellung, dass der Christbaum den Paradiesbaum symbolisieren sollte. Das

Paradies stellten sich die Menschen des 19. Jahrhunderts gern auch als eine Art Schlaraffenland vor, denn Hunger gehörte bei der armen Bevölkerung auch in Hamburg zur Alltagserfahrung. In den Gängevierteln der Stadt herrschte das Elend. Als der renommierte Bakteriologe Robert Koch 1892 anlässlich der verheerenden Cholera-Epidemie diese Quartiere aufsuchte, resümierte er: „Ich vergesse, dass ich mich in Europa befinde."

Zurück zum Weihnachtsbaum. Auf dem ersten Weihnachtsbaum in Wandsbek thronte ein vergoldeter Stern, jedenfalls nach der Zeichnung Bürkners. Als weiteren Schmuck zeigt das Bild Nüsse, Sterne, eine Brezel und ein Tier, das ein Lamm sein könnte. Es wäre dann eine Anspielung auf Christus als Lamm Gottes. Geschmückt war der Baum außerdem mit Äpfeln. Friedrich Perthes überreichte der Claudius-Tochter Caroline mit seiner rechten Hand einen vergoldeten Apfel, den er offenbar mit der linken vom

Baum „gepflückt“ hat. Das war eine Liebesgeste für seine Verlobte.

Der Apfel fungierte als Anspielung auf den Paradiesbaum. Aber Äpfel waren ganz prosaisch betrachtet jahrhundertelang vor der Einführung der Südfrüchte auch wertvolles Obst, das sich bis Weihnachten und darüber hinaus gut bevorraten ließ, jedenfalls die geeigneten Sorten, die sogenannten „Winteräpfel“. Im 19. Jahrhundert hängte man daher gern schöne Äpfel an den Zweigen der Weihnachtsbäume auf. Besonders beliebt waren rote Sorten wie beispielsweise der Purpurrote Cousinot. An die Äpfel erinnern noch heute die Kugeln aus Glas, die bis vor einigen Jahrzehnten traditionell rot waren. Als preiswerter Ersatz für Glaskugeln dienten anfänglich bemalte Kugeln aus Lehm.

Zum essbaren Baumschmuck gehörten im 19. Jahrhundert neben den Äpfeln beispielsweise vergoldete Nüsse, Kringel aus Zucker oder auch Zuckertaler mit dem Hamburger Wappen. Die Nuss ist ein Symbol für Christus und für verborgenes neues Leben. Im Aberglauben wirkt besonders die Haselnuss als Abwehrzauber. Merkwürdigerweise war in Hamburg als Schmuck auch der „Rüter to Peerd“ (Reiter zu Pferd) aus Zuckerkuchenteig beliebt, der wohl den germanischen Schimmelreiter Wotan darstellen sollte. Springerle-Gebäck und Spekulatius-Kekse verzierten ebenfalls die Weihnachtsbäume.

Olga Seelig, geb. Cramer (1876–1971) berichtete über den Weihnachtsschmuck um 1900: „Weihnachten wurde

bei meiner lieben Mutter ziemlich üppig gefeiert. Ich habe wohl nie wieder einen so schönen Tannenbaum mit Konfekt, Lichtern und Lametta beladen erlebt, mit Spezialitäten von Reese & Wichmann und von Wilm: vergoldete Zuckertaler, Benettkringel, Marmelade auf Holzstäbe gezogen."

Walter Kempowski beschrieb in seinem autobiografisch gefärbten Buch „Aus großer Zeit" das Weihnachtsbaumschmücken bei seinen Vorfahren in Wandsbek, ebenfalls um 1900: „Josten, der Morgenmann, bringt ihn, drei Meter fünfzig ist er hoch, bis unter die Decke reicht er ... Corriger la fortune – wo Zweige fehlen, werden welche eingesetzt, mit Drillbohrer und Tischlerleim. ... Zuerst wird die Glasspitze aufgesteckt, ganz oben, ... dann die vielen Glasvögel aus dem Erzgebirge, Glocken, Kugeln, an die man Wochen zuvor schon Fäden gebunden hat, die Kerzen, die Äpfel und die Schokoladenkringel, von denen im letzten Jahr doch tatsächlich überall ein Stückchen abgebissen war – es stand natürlich nicht daneben: von wem. – Der Tannenbaumfuß wird mit einer grünen Decke drapiert, und diese grüne Decke wird mit Moos belegt, ... und mit Borke und Tannenzapfen. ... An die untersten Zweige des Tannenbaums werden Wachsengel gehängt, ... himmlische Heerscharen aus Wachs."

Bei Gobert lesen wir über den Baumschmuck der 1920er-Jahre: „Auch der Schmuck der Christbäume bestand außer Kugeln und Lametta überwiegend aus Kringeln aus bekannten Geschäften der Innenstadt, wo sie an langen Tischen auslagen und auf Tabletts der Verkäuferinnen ausgesucht wurden ... Massive Kugeln wurden ebenso wie Äpfel an langen Fäden aufgehängt, und echte Wachskerzen durften höchstens durch rote abgelöst werden, von denen eine die ganze Weihnachtswoche über wie ein ewiges Licht brannte."

Die farbigen Glaskugeln sind bis heute nicht nur in Hamburg populär. Sie entstanden zuerst um die Mitte des 19. Jahrhunderts im thüringischen Lauscha. Glasbläser stellten sie handwerklich her. Die Familien bewahrten die

Kugeln oft jahrelang auf. Allerdings waren jedes Jahr Ergänzungen fällig, denn die empfindlichen Glaskugeln zerbrechen bekanntlich sehr leicht.

Der nicht essbare, rein dekorative Baumschmuck trug meistens die Farben Rot, Silber oder Gold. Das Rot symbolisierte Feuer, Erleuchtung oder Liebe, auch Fruchtbarkeit. Silber- und vor allem Goldglanz sollten göttliches Licht vermitteln. Der Tannenbaum selbst (genauer: seine Nadeln) war grün. Wie beim Adventskranz stand das Grün für das erwartete Wiedererwachen der Natur und das ewige Leben. Hildegard von Bingen sprach von „Grünkraft“. Man bedenke, dass das winterliche alte Hamburg grau-braun aussah oder je nach Wetter auch weiß. Bunte Farben im Straßenbild wie heute durch Reklame, Straßenschilder oder Autos fehlten.

Weitere Spielarten des Baumschmucks waren im 19. Jahrhundert beispielsweise Engel oder Buntpapiernetze. Auf der Tannenbaumspitze steckte oft eine Fahne aus Rauschgold. Unter „Rauschgold“ versteht man papierdünne Messingfolien, die ähnlich wie Blattgold aussehen, aber erheblich preiswerter sind. Sprichwörtlich geworden ist der Rauschgoldengel.

Es gab auch einfachen, „natürlichen“ Baumschmuck aus Nüssen oder Zapfen, die den kleinen Tannenbäumen ja fehlten. Sie sollten den Wintervorrat der Tiere symbolisieren. Die Nüsse und Zapfen wurden aber gern vergoldet oder versilbert.

Zum Verschönern des Weihnachtsbaumes verwendete man die merkwürdigsten Materialien. So wurde der kleine Ukelei-Fisch (maximal 20 Zentimeter lang) in den 1920er-Jahren massenhaft gefangen und geschuppt. Saison war im Spätherbst, vor allem an der Ostsee. Die Schuppen, sonst ein Abfallprodukt, wurden zerrieben und dienten zur Herstellung des sogenannten „Fischsilbers“. Mit dem silbrigen Pigment wurde Baumschmuck verziert. Viele Fische mussten ihr Leben lassen: Für ein Pfund Fischsilber benötigten die Kunsthandwerker fast 20.000 Tiere.

Braune Kuchen seit 230 Jahren

Auch in früheren Zeiten wurde im Advent gebacken, für den Sofortverbrauch oder als Vorrat für Weihnachten. Das gemütliche Kaffeetrinken bei Kerzenschein mit der Familie an den Adventssonntagen hat sich als Brauch aber erst nach dem Zweiten Weltkrieg entwickelt.

Die ältesten Formen von weihnachtlichem Festgebäck waren die „Gebildbrote“, anfänglich „Kuchenmänner“ genannt, kleine Kuchen oder Kekse in menschlicher Form. Bezeichnenderweise hießen sie auch „Kinnjeeskoken“, also „Kind-Jesus-Kuchen“. Gebacken wurden sie aus Honigkuchenteig. Man konnte sie auf den Weihnachtsmärkten kaufen. Kuchenfiguren stellten nicht nur Menschen dar wie den Heiligen Nikolaus, sondern auch Tiere wie Pferde, Schweine, Hühner oder Hasen. Hinter den Formen verbargen sich oft abergläubische Vorstellungen.

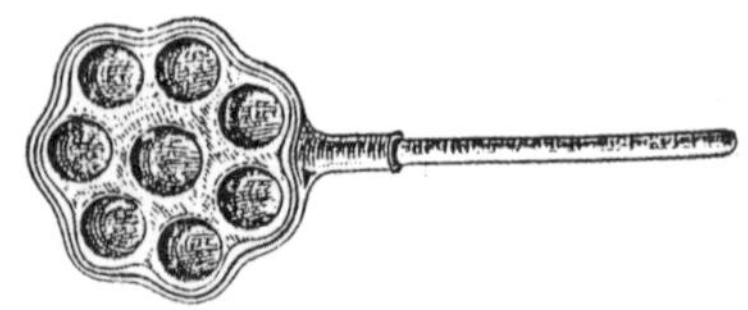

Sehr beliebt zu Weihnachten und Silvester waren die „Ossenogen“, vor allem im Hamburger Landgebiet und ländlichen Umland. Von ihnen wird noch die Rede sein. Hergestellt wurde dieses Schmalzgebäck in Pfannen mit mehreren runden Vertiefungen, den Ochsenaugen-Pfannen, die auch heute erhältlich sind.

Die heute so gern verzehrten Weihnachtstollen sind dagegen ursprünglich nicht typisch für Norddeutschland. Ein ähnlicher Kuchen aus Hefeteig mit Rosinen und Zitronat heißt hier noch heute „Stuten“ oder „Klöben“. Besonders reichhaltige weihnachtliche Stuten nannte man „de Wiehnachtsmann sin Stuten“.

Die Zutaten für Hamburger Klöben nennt ein traditionelles Rezept: Mehl, Hefe, Zucker, abgeriebene Zitronenschale, Salz, Kardamom, Milch, Eier, Butter, Rosinen, Zitronat, gehackte Mandeln, Butter und Puderzucker zum Bestreuen.

Im ausgehenden 19. Jahrhundert wurden Stollen dann auch in Hamburg beliebt, aber von auswärtigen Herstellern bezogen. Erst im 20. Jahrhundert buken die hanseatischen Köchinnen und Hausfrauen selbst Stollen. Das Backen war allerdings aufwendig und ließ sich im eigenen Haushalt teilweise gar nicht durchführen, mangels entsprechend großer Öfen. Dann musste der Bäcker backen. Irmela Fliedner, eine Pastorentochter aus Hamburg-Hamm, erzählte vom Stollenbacken nach dem Ersten Weltkrieg: „In der ersten Adventswoche wurden … 12 Pfund Mehl in einer ausladenden irdenen Schüssel angesetzt, mit entsprechenden Zutaten ergänzt ... und schließlich zu einem Teig verknetet. Einer der Söhne hatte die Schüssel während des Knetens festzuhalten mit der Auflage, nicht eine Rosine zu naschen. Nach dem Aufgehen des Teiges wurde dieser bei Bäcker Hoose abgegeben. Er formte sechs Teigstücke und ließ sie abbacken. Schließlich wurden sechs duftende Stollen abgeholt, die in einer Flur-Kommode im zweiten Stock zwischen Leinentüchern lagerten."

Dagegen sind Braune Kuchen eine Hamburger Spezialität. Am 15. Dezember 1796 zeigte der Gewürzhändler Johann Matthias Feucht im Hamburger Relations-Courier an, „daß bey mir zu haben sind, braune, wie auch Zucker-Kuchen und Pfeffernüsse, von vorzüglicher Güte, sowol im Grossen, als im Kleinen, und verspreche, die größten Partheyen in einigen Tagen zu liefern".

Mosje Christian schrieb 1805 an seine Mutter in einem seiner „Briefe über Hamburg": „Zu den christlichen Vorbereitungen auf das Heilige Weihnachtsfest gehört hier auch das braune Kuchen-Backen." Es handelt sich um flache Gewürzkuchen oder eher Kekse, die ihre bräunliche Farbe vom Sirup erhalten. Geradezu eine Hamburgensie stellen die braunen Kuchen der Firma Kemm dar, die sogenannten „Kemmschen Kuchen". 1782 entwickelte die Altonaer Bäckerei Kemm das entsprechende (geheime) Rezept, zu dem außer Mehl noch Pottasche, Honig, Sirup und Gewürze gehören. Danach werden auch heute noch diese Kekse hergestellt. Ältere Hamburger erinnern sich daran, dass sie als Kinder die Kemmschen Kuchen gern auf einem halben, gebutterten Brötchen verzehrten. Das Brötchen war natürlich ein echtes Hamburger „Rundstück".

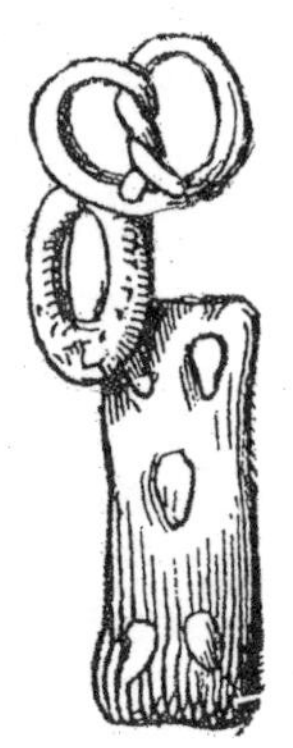

Braune Kuchen wurden aber auch in Privathaushalten gebacken, nach jeweils in der Familie überlieferten Rezepten. Der in Altona geborene Maler Louis

Gurlitt schrieb über die Herstellung von braunen Kuchen in seiner Familie um 1900: „Zu diesen Kuchen ... wurde der Teig im Hause angemacht, um dann den Tag darauf beim Bäcker gebacken zu werden – dies war ein ganz besonderes Fest für uns Kinder. Wir durften mit zum Bäcker gehen, durften, nachdem der Bäcker jedem Kuchen die Form gegeben hatte, eine Mandel darauf drücken, auf die größten fünf; sahen ihn die Kuchen in den Backofen schieben und später wieder herausziehen und konnten uns an dem berauschenden Geruch, der alle Weihnachtsfreuden in sich barg, erlaben." Gobert erwähnte die „obligaten Braunen Kuchen, die wir selbst mitbacken durften, nachdem der Teig wochenlang über dem Kochherd gehangen hatte ..." Aus dem Teig für braune Kuchen entstanden auch weihnachtliche Gebildbrote. Man nannte die Figuren „Kinjeespoppen" oder „Wiehnachtspoppen".

Schon seit dem Mittelalter wurden in Hamburg auch Pfefferkuchen hergestellt. Die Pfefferkuchenbäcker hießen „Pfefferküchner" und bildeten eine eigene Zunft. Beliebt als Leckerbissen waren im alten Hamburg auch Honigkuchen und Pfeffernüsse. Die Pfeffernüsse, die nicht mit den Pfefferkuchen verwechselt werden dürfen, dienten sogar als Spielgeld bei Pfänderspielen. Sie waren anders als Pfefferkuchen recht hart und ließen sich eher lutschen als beißen. Dafür klapperten sie auf dem Teller wie richtige Nüsse. Hier ein Rezept für braune Pfeffernüsse aus dem Hamburgischen Kochbuch von 1798:

> „Aus 4 Pfund Sirup oder Honig, 4 Pfund Mehl, 4 Lot Butter, 1 Lot Nelken, 1 Lot Kaneel, 1/2 Lot Kardamom, 1/2 Lot Nelkenpfeffer, 2 Pomeranzenschalen, 2 Lot Succade, 2 Lot gereinigter Pottasche, die tags vorher in Rum oder Franzbranntwein aufgelöst wurden, wird ein Teig geknetet, die Pfeffernüsse daraus geformt und solche auf einer eisernen Platte gebacken."

Der Schriftsteller Julius Stinde (1841–1905) aus Holstein lebte und publizierte zunächst in Hamburg. Später wurde er berühmt mit seinen viel gekauften Romanen über die Berliner Kleinbürgerfamilie Buchholz. Stinde beschrieb in seiner Geschichte „Die eigensinnige Pfeffernuß“ den Backvorgang aus der Sicht der Pfeffernüsse: „Es war sehr heiß in dem Ofen, aber sie fühlten, wie sie äußerlich und innerlich besser wurden. Innerlich wurden sie gar – sie waren ganz roh vorher – und äußerlich braun und blank, während

sie vorher voll Mehlstaub saßen, und hübsch glatt und rundlich, genug, sie waren kaum wieder zu erkennen, als der Bäcker sie herauszog."

Im Rezept war die Rede von „Nelkenpfeffer" – richtiger Pfeffer vom Pfefferstrauch kam aber nicht in die Pfeffernüsse. „Pfeffer" war vielmehr lange ein Sammelbegriff für verschiedene Gewürze. Es gibt auch die Ansicht, dass Pfefferkuchen und Pfeffernüsse ihre Bezeichnung gar nicht dem Gewürz verdanken, sondern dem „Pfeffern". Das war ein alter weihnachtlicher Brauch, eine Neckerei, nicht nur in Hamburg. In Süddeutschland galt dafür der „Pfefferleinstag" am 26. Dezember als Termin. Freunde und Verwandte wurden mit der „Pfefferrute" leicht auf den Rücken geschlagen, wobei man bestimmte Sprüche aufsagte. (Wir erinnern uns an die „Weihnachtsruten", die man im alten Dom kaufen konnte.) Die „Gepfefferten" mussten Süßigkeiten herausgeben. Dieses Spiel gehört zu den alten „Heischebräuchen", bei denen es darum geht, mit Drohungen und Lärm Gaben einzusammeln – so wie beim Rummelpottlaufen.

Die Pfefferkuchenhäuser, also kleine „Gebäude" aus Lebkuchen, mit Eiweiß und Zuckerguss zusammengeklebt, wurden erst um 1900 modern. Auslöser war die Märchenoper „Hänsel und Gretel" von Engelbert Humperdinck (Uraufführung 1893 in Weimar) mit dem „Hexenhaus". Diese Oper gehört auch heute zum Spielplan der Weihnachtsmärchen für Kinder. Zu den Pfefferkuchenhäuschen gehörten die entsprechenden Figuren des Märchens aus Pappmaché. Noch bis in die Zeit nach dem Zweiten Weltkrieg wurden sie in Schreibwarengeschäften angeboten.

Da Hamburg seit Jahrhunderten deutscher Haupteinfuhrhafen für Gewürze war, konnten sich die Bewohner komfortabel mit Zutaten für das Weihnachtsgebäck versorgen. Vor zwei Jahrhunderten begeisterte sich der Commerzdeputierte Westphalen: „Im Jahre 1798 wehte unsere Flagge im Roten Meere, am Ganges und in China, in den Gewässern von Mexiko und Peru, in Nordamerika, in den holländischen und französischen Inseln und Besitzungen von Ost- und Westindien." Die Commerzdeputation war ein Zweig der hamburgischen Selbstverwaltung. Aus ihr ging später die Handelskammer hervor.

Noch heute kommen die Weihnachtsgewürze aus Übersee, im alten Hamburg hauptsächlich aus Indien und Ostasien: Ingwer (Wurzelstock der schilfartigen Ingwerstaude), Muskat (Frucht des Muskatnussbaumes) und Muskatblüte (Samenmantel der Muskatnuss), Kardamom (Samenkapseln des Kardamomstrauches), Koriander (Samen der Korianderpflanze), Nelken (Blütenknospen des immergrünen Gewürznelkenbaumes), Pfeffer (Beeren der tropischen Kletterpflanze), Piment (Beeren des Pimentbaumes), Zimt (aus der Rinde des Zimtbaumes, als feiner und hochwertiger Kaneel-Zimt aus Ceylon oder als preiswerter, kräftiger Cassia-Zimt aus China und Indonesien), Vanille (Schoten der tropischen Orchidee, ursprünglich aus Amerika, später aus Madagaskar).

Schon 1660 notierte Hauptpastor Schupp: „Hamburg ist ein compendium mundi. Was ihr die Natur versagt hat, das bringen ihr die grossen Schiffe auß allen Ländern und Königreichen." Allerdings haben sich die Anbaugebiete der Gewürze verändert. So wurde Vanille ursprünglich aus Mittelamerika importiert; heute kommt sie aus Madagaskar. Die besonders wertvolle „Bourbon-Va-

nille“ stammt aus Réunion, einer madagassischen Nebeninsel, die im 18. Jahrhundert „Bourbon“ hieß, nach dem französischen Königsgeschlecht. In früheren Jahrhunderten galten die exotischen Gewürze nicht nur als Luxuswaren, sondern auch als Sendboten einer sagenhaften Welt, die man selbst niemals erreichen würde, und sogar als Hauch des Paradieses.

Endlich Weihnachtsabend

Warten auf den Weihnachtsmann

Wenn es Heiligabend dämmert, laufen merkwürdig gekleidete Gestalten durch Hamburg: mit langem roten Kapuzenmantel, weiß verbrämt, und mit langem, weißen Bart. Meistens sind das Studenten, die gegen Entgelt als „Weihnachtsmann“ auftreten.

Diese Figur gibt es erst seit dem ausgehenden 19. Jahrhundert. Zuvor brachte angeblich der Nikolaus den Kindern die Geschenke, erst am Nikolaustag, dann am Weihnachtsabend. So hieß nämlich der Heilige Abend im alten Hamburg. Darauf wies zum Beispiel Ascan Klée Gobert hin. Ab dem 18. Jahrhundert erhielt Nikolaus einen Begleiter und Helfer, den „Knecht Ruprecht“. Ruprecht oder Rupert stammt möglicherweise aus der heidnischen germanischen Mythologie. Der Heidengott Wotan soll den Beinamen „hruotperacht“ (der Ruhmglänzende) gehabt haben. Ruprecht war jedenfalls im Gegensatz zum milden Nikolaus ein unwirscher, rüpelhafter Gesell – aber nicht der Vorläufer des Weihnachtsmannes.

Carl Reinhardt beschrieb, wie sich ein Kaufmannssekretär zu Weihnachten 1841 als Knecht Ruprecht verkleidete

und die Söhne des Kaufmanns Kühnmann erschreckte: „Knecht Ruprecht ging um. Sekretär Förster ... gebrauchte die Sprache ..., um im tiefen Basston vor Kühnmanns Tür die Gedanken laut werden zu lassen, dass den jungen Kühnmännern die Rute sehr dienlich sein dürfte, wenn sie nicht besser folgten und fleißiger wären. Da er diese Drohung durch eine fürchterliche Pappnase und grimmig-struppige Pelzmütze unterstützte, der eine besenartige Rute, ein Schafpelz, zwei Bärlatschen, Fuchshandschuhe und ein Sack zur Seite standen, in dem sich möglicherweise ungezogene Jungen befinden konnten, so war die Wirkung bedeutend ..."

Diese Beschreibung erinnert schon sehr an die Figur des Weihnachtsmannes. Reinhardt hat seinen Roman ja auch später als 1841 geschrieben. Ab 1866 erschien der Text in mehreren Bänden. Zu der Zeit hatte der österreichische Maler Moritz von Schwind (1804–1871) den Weihnachtsmann schon erfunden. Von Schwind zeichnete 1847 für die „Münchner Bilderbogen" den „Herrn Winter". Dort ähnelt „Herr Winter" mit langem Bart und Kapuzenkutte dem Berggeist „Rübezahl", den von Schwind ebenfalls abbildete. „Herr Winter" trug einen kleinen Tannenbaum im Arm.

1857 erschien in Hamburg eine Karikatur mit dem Titel „Hammonia's Weihnachtsbescherung". Sie sollte Kritik an

der staatlichen Krisenhilfe für große Firmen ausdrücken. Dargestellt war ein freundlicher Knecht Ruprecht in kurzen Hosen, großem Sack auf dem Rücken, mit einer Rute in der Hand, der Kindern einen Geldsack mit 35 Millionen Mark aushändigte. Im Hintergrund leuchteten die Lichter an einem Weihnachtsbaum.

Das heutige Kostüm des Weihnachtsmanns mit roter Hose, pelzverbrämter roter Jacke plus schwarzem Gürtel, ebenfalls mit weißem Pelz verzierter weißer Zipfelmütze und schwarzen Stiefeln orientiert sich am amerikanischen „Santa Claus". Der Weihnachtsmann hat sozusagen zwei Seiten: Er bestraft ungehorsame, böse Kinder und belohnt die braven, artigen. Die bösen schlägt er mit seiner Rute und schwärzt sie mit Kohlen. Nur die braven erhalten Geschenke, ursprünglich vor allem Gebäck und Süßigkeiten.

Allerdings geht in der Überlieferung einiges durcheinander. Teilweise wird auch Ruprecht mit dem Weihnachtsmann gleichgesetzt. So sah es offenbar Richard Dehmel (1863–1920), der in Blankenese lebte, heute Hamburger Stadtteil. Die letzte Strophe seines Gedichtes „Der liebe Weihnachtsmann" lautet:

„Ach Ruprecht, ach Ruprecht,
du lieber Weihnachtsmann;
Komm auch zu mir mit deinem
Sack heran!“

Ein ähnliches Verständnis zeigt sich in Dehmels Gedicht „Knecht Ruprecht und die Christfee“:

„Ich bin der alte Weihnachtsmann,
ich hab ein'n bunten Pelzrock an,
mein Hut ist steif
von Schnee und Reif.

Ich komm weit hinter Hamburg her
Mit langen Stiefeln durchs kalte Meer,
meinen Mummelsack
huckepack.“

Die Figur der „Christfee“ findet sich übrigens anscheinend nur bei Dehmel, sonst nirgends in der literarischen weihnachtlichen Überlieferung.

Richard Dehmels Dichterfreund Detlev von Liliencron (1844–1909), der zuletzt in Alt-Rahlstedt lebte, das ebenfalls heute zu Hamburg gehört, setzte Ruprecht nicht ausdrücklich gleich mit dem Weihnachtsmann, interpretierte ihn aber auch als Überbringer der Weihnachtsgeschenke. Hier die letzten beiden Strophen aus seinem Gedicht „Weihnachtslied“ von 1902:

„Bleibt ihr artig, kleine Schar,
Wird Knecht Ruprecht an euch denken,
Bringt euch auch im nächsten Jahr
Einen Sack voll von Geschenken.

Und dann steht ihr wie im Traum,
Und noch einmal seht ihr wieder
Kerzenglanz und Tannenbaum
Und hört alte Weihnachtslieder.“

In H. Gerstenbergs Geschichte „Ein Kinderfreund“ treten Christkind und Weihnachtsmann parallel auf: „Es war die Zeit vor Weihnachten. Wir Kinder gingen nicht mehr um die Dämmerzeit mit den Hühnern zu Bette, sondern durften abends beim Scheine der Lampe noch spielen. Da flüsterten wir geheimnisvoll miteinander und malten uns aus, was der Weihnachtsmann wohl dem Hänschen und dem Heini und der kleinen Ella bescheren würde. Und wenn die Tür ging, da horchten und lauschten wir, und Ella meinte: Jetzt kommt Christkindchen und legt eine schöne Puppe für mich unter den Tannenbaum. Eines Tages sagte die Mutter: Nun noch eine Nacht; wenn ihr wieder aufwacht, dann ist Weihnachten. Da konnten wir vor Aufregung, Neugierde und Freude gar nicht einschlafen, und aus fröhlichem Kindermunde erscholl es immer wieder: Morgen kommt der Weihnachtsmann.“

Gustav Falke beschrieb den Weihnachtsmann in seinem Gedicht „Weihnachtssperlinge“. Mit den Sperlingen sind seine Töchter gemeint. Hier ein Ausschnitt aus Falkes Versen:

„Dann fangen sie an zu bitten und zu betteln:
Papa, zu Weihnacht, du hast mir's versprochen,
Ich möchte einen Herd, so richtig zum Kochen.
Und ich ein Zweirad. Auf Weihnachtswunschzetteln
Wachsen die stolzesten Träume sich aus.
Knecht Ruprecht schleppt das schon alles ins Haus.

Und morgens, da steht von den zierlichsten Schuhen
Je einer, ganz heimlich hingestellt,
An dem allersichtbarsten Platz der Welt.
Die Schelme können des Nachts kaum ruhen:
Ob wohl der Weihnachtsmann sie entdeckt?
Ob er wohl was in den Schuh uns steckt?

Der Weihnachtsmann! Er muß bald kommen.
Schon stapft er durch die beschneiten Felder,
Hat vom Rand der weißen Wälder
Ein grünes Tännlein mitgenommen."

Die Figur des Weihnachtsmannes hat sich offenbar in Norddeutschland früher durchgesetzt als im Süden. Im „Hamburger Weihnachtsbuch" von 1892 taucht der Weihnachtsmann allerdings nur in einer Geschichte auf („Weihnachtsmärchen" von Otto von Kelberg). Zwei Kinder sollen am Weihnachtstag mit ihrem Schlitten Holz aus dem Wald holen. Sie verlaufen sich und geraten schließlich auf eine Lichtung: „Auf dem kleinen Platze aber sahen sie auf einem umgehauenen Baume einen alten Mann mit einem großen, langen, weißen Barte sitzen, der neben sich einen schön geschmückten und mit Lichtern versehenen Tannenbaum stehen hatte und lauter wunderherrliches Spiel-

zeug ordnete. – Der alte Mann, es war der Weihnachtsmann ...“ Der Weihnachtsmann führt die Kinder wieder auf den rechten Weg nach Hause. Später besucht er die Kinder, betätigt sich heimlich in der Stube, und hinterlässt einen geschmückten Tannenbaum mit vielen Geschenken.

Die Hamburger erzählten teilweise noch im 20. Jahrhundert den Kindern nicht vom Weihnachtsmann, sondern vom „Kinjees“ (Kind Jesus) als Überbringer der Geschenke. Diese Bezeichnung verweist auf das Brauchtum im benachbarten Mecklenburg und auch Schleswig-Holstein, wo das Christkind die Gaben brachte. Rudolf Kinau (1887–1975), der plattdeutsche Dichter aus Hamburg-Finkenwerder, nannte diese Figur abgewandelt „Kujees“ und berichtet: „Dat ist nu al lang, al ganz lang her. Ick wür noch Kind, wür woll so vier oder fief Joahr, un harr de Büxenklapp noch achter. Un dat wür den Dag vör Wihnachen, un wie snacken wedder vel van den Kujees ... Bi uns käm noch jümmer de ... Kujees, de medden in de Nacht mit son groote Kist vull Appel un Nöt un allerhand feinen Krom wied över de Dacken wegflügt, un smitt allerwegens, nem noch son richtigen ooln dütschen Herd steiht, van boben wat in'n Schorsteen un up den Herd rup.“ Diese literarische Figur ähnelt dem amerikanischen Santa Claus, der durch den Kamin in die Wohnstuben rutscht und die aufgehängten Strümpfe der Kinder mit Geschenken füllt.

An anderer Stelle unterschied Kinau die Figur des Weihnachtsmannes deutlich von „dem anderen“: „Ich war noch ein kleiner Junge und glaubte noch an den Weihnachtsmann. Nicht an den, der abends Haus für Haus geht und klopft an die Tür und fragt: Sind die Kinder auch immer artig gewesen? Den kannten wir damals noch nicht. Der kommt nur zu den Leuten, die einen eisernen Herd haben, und haben ein ganz enges Ofenrohr, sagte Mutter. – Nein, soweit waren wir noch nicht. Zu uns kam immer noch der andere – der mitten in der Nacht mit einem großen Sack über Land und über die Dächer flog und warf überall, wo noch ein richtiger deutscher Herd war, etwas in den Schornstein. – Wir waren fünf Kinder im Hause, und ich

war der kleinste. Und wir mußten am Abend vor Weihnachten jeder einen Teller auf den Herd stellen, alle schön der Reihe nach rund um das offene Feuerloch herum. Nicht zu weit nach der Mitte, sagte Mutter, sonst sieht es so unbescheiden und so gierig aus. Und auch nicht so weit weg an den Rand, sonst kriegt man nichts ab."

Diesen Text veröffentlichte Kinau übrigens in einem Büchlein aus minderwertigem Papier, ohne Herausgeber-, Verlags- oder Jahresangaben. Wahrscheinlich erschien die Publikation zum Weihnachtsfest 1944, denn der Titel lautet „Die feste Stadt". Das gleichnamige einleitende Gedicht von Walter Gättke (1896–1967), einst Dichter der Jugendbewegung und Kriegsfreiwilliger 1914, klingt stark nach „Durchhalteparolen".

Auch Kinaus älterer Bruder Johann Wilhelm (1880–1916), mit dem Künstlernamen Gorch Fock, sprach von „Kojees". In seiner Geschichte „Eine Weihnachtsfahrt" kommt ein Schiff gerade rechtzeitig zu Weihnachten in Finkenwerder an, nachdem es im Sturm riskant gewendet hatte: „Mit raumen Schoten klüste das Fahrzeug auf die Elbmündung zu, der Weihnacht entgegen ... Du kannst vunabend Wihnachtsmann speelen, Klaus ... Wi hebbt em rümkreegen. Morgen sünd wi bihus. Non, denn speel ik

Kojees, sagte Klaus befriedigt und legte sich das Kopfkissen zurecht."

Ende des 19. Jahrhunderts standen Weihnachtsmänner bereits in Schaufenstern, um die Passanten zum Kauf von Weihnachtsgeschenken zu animieren. Maria Dahlström schrieb: „Da waren die reizendsten Kuchen und Bonbons, Zucker- und Chokoladenmänner, und inmitten von dem allen stand ein großer Weihnachtsmann mit einem Pelz, der ganz von Schnee glitzerte. Im Arm hielt er einen schönen Weihnachtsbaum. Als es dunkel geworden war, wurden die Wachskerzchen an diesem Baume angezündet."

Bis etwa 1960 traten „Weihnachtsmänner" in Hamburger Kaufhäusern auf. Die älteren Herren mit echten Rauschebärten saßen neben einem Weihnachtsbaum, nahmen Kinder auf den Schoß und ließen sich mit ihnen fotografieren. Die Fotos dienten dann als Beweis für die Existenz des Weihnachtsmannes …

Merkwürdig: Ob Nikolaus, „Kujees", Weihnachtsfee oder Weihnachtsmann – die Eltern hatten und haben offenbar das Bedürfnis, ihren Kindern die Geschenke durch eine sagenhafte Gestalt aushändigen zu lassen. Es ist doch wohl zu drollig, wie naiv die Kinder an diese Gestalt glauben oder sich gar vor ihr fürchten … Warum nur sollen die Kinder erst ab einem bestimmten Alter wissen, dass die Geschenke von den Eltern stammen? Volkskundlich oder ethnologisch ist der tiefere Sinn dieses Brauchs anscheinend noch nicht erforscht. Mit dem christlichen Gehalt des Weihnachtsfestes hat er jedenfalls nichts zu tun.

Das verbotene Zimmer

Gutbürgerliche Familien mit größeren Häusern oder Villen stellten den Tannenbaum im „Weihnachtszimmer" auf. Dieses Zimmer war für die Kinder bis zum Weihnachtsabend tabu. Dort schmückten die Eltern heimlich den Baum und platzierten die Geschenke auf dem Gabentisch. Angeblich war ja das Christkind aktiv oder auch der Weihnachtsmann. Die Kinder kannten das geheimnisvolle Zeremoniell – ältere durchschauten es wohl auch – und warteten gespannt auf die Bescherung.

Berend Goos erinnerte sich: „Der Tag vor Weihnachten, an dem unsere Schule schon geschlossen war, konnte als der spannendste vom gesamte Feste angesehen werden. Die Wohnstube war alsdann für alle, Mutter ausgenommen, unzugänglich, und wir anderen wurden in der Hinterstube zusammengepfercht, auch durften wir ohne vorherige Erlaubnis die Diele nicht betreten, um nicht etwa dem Transport der Geschenke von oben nach unten zu begegnen."

So war es auch auf dem Gutshof der Familie Henneberg in Poppenbüttel (damals noch preußisch, erst 1938 hamburgisch) vor dem Ersten Weltkrieg, wie der Politiker Otto Henneberg später aufschrieb: „Allmählich beginnt sich die Schrankstube und ein nicht benutztes Logierzimmer für die Kinder in eine Zauberwelt zu versetzen. Die sonst offenen Räume sind verschlossen. Hier sammelt die Mutter und Hausfrau die Gaben für die Familie, natürlich in erster Linie für die Kinder, das Haus- und Hofpersonal."

Am Weihnachtsabend riefen die Eltern dann die Kinder mit einem Glöckchen in das Weihnachtszimmer. Die Kerzen brannten noch nicht. Um die Spannung weiter zu steigern, wurden zuerst Weihnachtslieder gesungen. Die Bescherung vollzog sich in der Familie Henneberg dann so: „Fein säuberlich Gedicht aufsagen mit Stottern oder nochmal neu anfangen. Dann öffnet der große stattliche Hausherr die Tür zum Saal, der voller Kerzen glänzt. Ein riesiger Weihnachtsbaum vor dem alten ... die ganze Höhe des Saales bedeckenden Spiegel, in dem die Kerzenzahl verdoppelt leuchtet. Die Gaben für die Kinder des Hauses liegen auf Tischen unter einem zweiten, bunt geputzten Weihnachtsbaum. Davor die Tische für alle die, die sich um das Haus bemühen. An der Seite die für die Eltern."

Bei Kempowskis Vorfahren in Wandsbek verlief das Ritual ähnlich: „Das letzte Lied heißt: Der Christbaum ist der schönste Baum ... und während sie das Lied ... fast schreien, geht der Vater ins Weihnachtszimmer hinüber und zündet die Kerzen an ... Diese Kerze noch und diese Kerze noch und dann, dann endlich läutet er die Weihnachtsklingel, das ist ein Messingzwerg, der eine Glocke huckepack trägt, öffnet die Schiebetüren langsam und feierlich – erst rechts, dann links (den Feststeller auch mal wieder ölen, das ist ja ein ganz verflixtes Ding!), bis sie ganz das Wunderbare freigeben: Oh, dieser Glanz!"

Louis Gurlitt erinnerte sich: „... mit welch frommem Schauer hörten wir endlich, nach langem Warten in der Vorderstube, die Haustürglocke mächtig schellen als Zeichen, daß der Heilige Christ, mit seiner Bescherung fertig, unser Haus verlassen habe ... Jetzt durften wir in die Hinterstube, wo jetzt der Christbaum strahlte, treten – der Jubel war immer groß ..." Ähnlich schilderte Elise Averdieck das spannende Ritual: „Kommt, das Christkind ist da! ruft der Va-

ter. Alle eilen hinunter. Die Tür ist noch zu, aber durch die Ritzen und durchs Schlüsselloch da glitzert und strahlt es, daß man sich gar nicht denken kann, wie wunderhell!“

Recht rührselig beschrieb Julius Stinde den Brauch im „Hamburger Weihnachtsbuch“ von 1892: „Als nun der Weihnachtsbaum brannte und sein Goldputz flimmerte, riefen die Eltern die Kinder herein. Da jubelten sie und sprangen über die Schwelle. Als sie den Tannenbaum sahen, sein Licht und seine Pracht, und die Geschenke darunter ausgebreitet, blieben sie stehen und ihre Augen öffneten sich weit und strahlend. Die Eltern hielten sich umschlungen und blickten herab auf die Kinder, in ihren Herzen war Weihnachtsseligkeit.“

Vor der eigentlichen Bescherung mussten die Kinder oft noch ein Gedicht aufsagen, wie bei den Hennebergs. Dabei durften sie noch nicht auf den Gabentisch schauen. Für die Gedichte gab es besondere Sammlungen mit ausgewählten Texten. Das Aufsagen war für die Kinder oft eine Qual, wie Mosje Christian beobachtete und 1805 an seine Mutter schrieb: „Nun mußten die Kinder hervortreten und ihren Lex herbeten. Die armen Kinder hatten seit vierzehn Tagen

mit der Erlernung dieses Lexes ihr Gedächtnis zermartert; die Mutter wußte denselben durch tägliches Überhören aus dem Kopfe, und gleichwohl schien es ihr, als hörte sie ihn zum ersten Male und brach in Freudentränen darüber aus."

Hilde Offen aus dem Landgebiet erinnerte sich: „Während der Bescherung fiel es mir sehr schwer, mein Gedicht aufzusagen, weil ich dauernd nach dem Gabentisch schielte. Und einmal war ich vor lauter Begeisterung so nah an den brennenden Tannenbaum gekommen, daß er umfiel und ein Chaos verursachte, worauf ich mit meiner neuen Puppe die Flucht ergriff."

Das Weihnachtszimmer und das Ritual der Gedichte gab es nur bei Familien, die mindestens zum Kleinbürgertum gehörten, und auch nur in guten Zeiten. Gerade in Hamburg hatten Familien, von denen ein Angehöriger auf See war, um die Weihnachtszeit viel Sorgen. Das war schon im 19. Jahrhundert so, wie man bei Carl Reinhardt nachlesen kann: „War nun zum Christfest Freude und Lichterglanz überall, so gab es doch Leute, denen kein grüner Baum angezündet wurde … Die Frauen von Schiffskapitänen sahen nach den Wolken und hörten auf den Wind, mit dessen stärkerem Wehen ihre Angst um die Gatten stieg, die, weit vom freundlichen Weihnachtsbaum, vielleicht mit den Wellen um ihr Leben kämpften."

Nach dem Zweiten Weltkrieg schuf der Norddeutsche Rundfunk, damals noch Nordwestdeutscher Rundfunk, die Sendung „Gruß an Bord". Von 1953 bis heute können damit Angehörige den Seeleuten Weihnachtsbotschaften zukommen lassen. Die Grüße werden ab Anfang Dezember aufgezeichnet und am Weihnachtsabend ausgestrahlt. Der NDR hat dazu eigens Kurzwellen-Frequenzen angemietet. So erreichen die Grüße die Weltmeere bis zum Indischen Ozean.

Für viele Hamburger gehört es heute dazu, Heiligabend einen Gottesdienst zu besuchen. Die Kirchen sind dann so voll wie sonst nie im Jahr. Das war nicht immer so. Die Christmette um Mitternacht oder 23.00 Uhr, heute besonders beliebt, ist eigentlich ein katholischer Brauch und wurde erst spät übernommen. Weil es bei der nächtlichen Christmette oft „unordentliche" Sitten gab, hat man dann schon am Nachmittag einen Gottesdienst angesetzt, die Christvesper.

Im 19. Jahrhundert feierten die Hamburger den Weihnachtsabend vorwiegend in der Familie. Das ausgiebige, gute Essen am Weihnachtsabend trat an die Stelle des Kirchenbesuches. Möglicherweise enthält diese Sitte noch Elemente des christlichen Liebesmahles. Der gemeinsame Kirchgang am Nachmittag oder Abend hat sich erst nach dem Zweiten Weltkrieg durchgesetzt. Dafür lasen die Eltern im 19. Jahrhundert am Weihnachtsabend vielfach die Weihnachtsgeschichte aus der Bibel vor. Der Hamburger Publizist Erich Lüth (1902–1989) berichtete, wie sein Vater Weihnachten im Krämerladen von Onkel und Tante erlebt hatte: „Unter dem Lichterbaum sangen die Versammelten ein oder zwei Weihnachtslieder, die den Gottesdienst und die pastorale Verlesung der Weihnachtsbotschaft ersetzen mußten, denn für die Kirche blieb keine Zeit."

Und woher kommt die Sentimentalität, die heute so oft zu Weihnachten beobachtet, ja sogar erwartet wird? Historisch wäre das noch zu klären. Heinz Ehrhardt (1909–1979), der Komiker für Anspruchsvolle aus Hamburg-Wellingsbüttel, hat dazu eine ernsthafte Mahnung geschrieben, aus der hier ein Auszug folgt:

> „Der Karpfen kocht,
> der Truthahn brät,
> man sitzt im engsten Kreise …
> und aus so manchem Augenpaar
> sieht man die Tränen klettern.
> Die Traurigkeit am Weihnachtsbaum
> ist völlig unverständlich:
> Man sollte lachen, fröhlich sein,
> denn ER erschien doch endlich!"

Herzliebchens Zeitvertreib und Schießgewehre

Weihnachten war nicht von jeher der Termin für Geschenke, lange war es der Nikolaustag. Noch im ausgehenden 16. Jahrhundert gab es in den Hamburger Familien keine Weihnachtsgeschenke. Allerdings erhielten die Dienstboten am Weihnachtsabend Geldgeschenke oder Näschereien. Auch Arme wurden zu Weihnachten beschenkt. Das wird aus dem St. Georgs-Hospital schon um die Mitte des

15. Jahrhunderts berichtet. Erst die Reformation machte Weihnachten zum Tag der Kinderbescherung. Angeblich regte Luther um 1535 an, die Nikolausbescherung auf Weihnachten zu verlegen. Die Gaben brachte nun nicht mehr der heilige Nikolaus, sondern der Heilige Christ – später verniedlicht zum Christkind. Noch später kam dann der Weihnachtsmann, wie beschrieben. In der lutherischen Tradition kann man die Weihnachtsgeschenke als Erinnerung an die Gaben der Heiligen Drei Könige verstehen. Nach einer anderen Interpretation stehen sie dafür, dass Christus der Welt geschenkt wurde.

Erwachsene überreichten einander nur etwas, bei dem der materielle Wert nicht im Vordergrund stand. Im 17. und 18. Jahrhundert wurden in Hamburg „Weihnachtspfennige“ verschenkt, aus Gold, Silber oder Zinn, mit Darstellungen aus der Weihnachtsgeschichte, oder verziert mit dem Hamburger Wappen, mit Inschriften wie „Gloria in excelsis deo et in terra pax“, außerdem mit Sinnsprüchen wie:

„Weil uns der Höchste noch dies Jahr hat lassen leben,
will ich gleich wie zuvor dir ein Geschenke geben,
drum nimm es abermahls als ein Gedächtniß an,
wie weiß, ob übers Jahr es noch geschehen kann.“

1720 erschien eine Anzeige im Hamburger Relations-Courier, wonach neue Weihnachtspfennige erhältlich seien. Sie wurden so beschrieben: „Ein Tugend-Pfennig, auff dessen beyden Seiten artige Emblemata zu sehen mit den Umschriften: Die gute Zucht bringt reiffe Frucht ... Ein Pfennig, worauff nebst beygefügten Sinn-Bildern die Worte befindlich: Bis du keusch wie Josephs Seel, klug wie dorten Daniel, fleissig wie Tobias fern, Treu wie Samuel dem Herrn, solche Jüngling liebt man gern.“

Kinder dagegen erhielten schon im 18. Jahrhundert zu Weihnachten Spielsachen, angeblich sogar damals bereits im Übermaß. Denn 1728 warnte die Hamburger Zeitschrift „Der Patriot“ vor allzu vielen Geschenken, die nur der Unterhaltung dienten. Dies verderbe die Sitten. 1799

schrieb der „Hamburgische Correspondent“: „Man hat seit einiger Zeit angefangen, statt der nicht selten Geschmack und Sitten verderbenden Spielereien oder doch wenigstens neben diesen, nützliche Bücher zu Weihnachtsgeschenken zu geben, religiöse, naturwissenschaftliche, Reisebücher, Kinderfreunde, Gesellschaftsspiele, Taschen-, Rätsel-, Bilder- und Zeichenbücher.“ Praktisches und Nüchternes schien passender für Kinder in der Kaufmannsstadt Hamburg. Und „gute“ Bücher wurden schon damals zum Schenken empfohlen.

Warum beschenkte man gerade die Kinder – und nicht zum Beispiel Tanten oder Großväter? Das Schenken baut, sozialpsychologisch gesehen, immer ein Überlegenheitsgefälle auf. Wer schenkt, ist der aktive, der mächtigere Part.

Wer ein Geschenk erhält, ist dagegen der passive, der sich gegebenenfalls revanchieren muss. Bemerkenswert: Das Wort „Revanche“ hängt mit „Rache“ zusammen …

Was schenkten die Eltern ihren Kindern außer Büchern vor 250 Jahren? In dem schon teilweise zitierten Gedicht von Zell aus dem 18. Jahrhundert heißt es:

„Das Kind sah einen Tisch mit Lichtern stehen,
Drauf Spiel- und Haus-Geräth von Holtz und Bleche lag,
Samt Marcipanen und Macronen,
Gewundnen Kringeln, Zucker-Bohnen
Und was ein Kind sonst gerne naschen mag.
Es ward bestürzt, es stund erstaunet dort
Und redete für starcker Lust kein Wort,
Es traf Medaillen an und freute sich darüber,
Doch nichts war ihm lieber,
Als daß auch hier zwey kleine Lichter brannten.“

Danach erhielt das Kind also außer Näschereien auch Medaillen sowie „Spiel- und Haus-Geräth“ aus Holz und Blech. Der Dichter erhebt den pädagogischen Zeigefinger und lehrt, dass die hellen Lichter wichtiger seien als die materiellen Geschenke.

Was das „Spiel- und Hausgeräth“ damals umfasste, kann man sich anhand der Angebote des Weihnachtsmarktes im Dom vorstellen: „Ein Knabenherz erfreuten Zinnsoldaten, Säbel, Flinte, Wagen, Schlitten, Schaukelpferde u. dergl. Für beide Geschlechter fanden sich hier Näschereien, wie Marzipan, Pfeffernüsse, Zuckerkuchen, Mandeln, aber auch Bilderbücher … Für die Erwachsenen gab es hier außer Leckereien Gewürze, Kleiderstoffe, Schmucksachen, Porzellan, Bücher, Augsburger Silberzeug, Hausgerät u. dergl.“

Geschenke für Jungen fielen aus heutiger Sicht oft recht militaristisch aus: Miniaturwaffen, Zinnsoldaten und so weiter … Elise Averdieck berichtete: „Karl bekommt einen bunten Ball, einen großen Ochsen mit goldenen Hörnern, eine Schaufel und eine Harke, eine Trommel und einen Soldatenhut, einige Schachteln mit Bleisoldaten und eine Re-

chentafel mit goldenen und silbernen Griffeln dabei.“ Berend Goos erhielt sogar eine Kanone zu Weihnachten geschenkt: „Die größte Freude machte mir einmal an einem Weihnachtsabend eine messingene Kanone von etwa 9 Zoll Länge, mit derber hölzerner Lafette, mit der ich lange Zeit nachher noch viel gespielt und mit meinen Genossen nach der Scheibe geschossen habe.“

H. Gerstenberg schreibt in seiner Geschichte „Ein Kinderfreund“ im Hamburger Weihnachtsbuch von 1892 über Geschenke für Jungen: „Und nun brach der heilige Abend an. Unter dem funkelnden Lichterbaum lagen alle die herrlichen Geschenke ausgebreitet. ... bald griffen wir Jungen nach Helm, Schwert und Gewehr ... und wir sangen ...“ Die Knaben sangen nämlich ein Lied von Hoffmann von Fallersleben:

„Ein scheckiges Pferd,
Ein blankes Gewehr,
Und ein hölzernes Schwert,
Was braucht man denn mehr?
...
So wird exerziert
Zum Abend noch spat,
Bis der Schlaf kommandiert:
Zu Bett, Kamerad!“

Ebenfalls im „Hamburger Weihnachtsbuch“ ist ein Gedicht von Hermann Schomburgk abgedruckt, überschrieben mit „Achtung! Präsentiert's Gewehr!“ Auch dieser Autor befasst sich mit den Waffen-Geschenken und sagt den Jungen voraus:

„Wenn wir einstmals als Soldaten
Dienen in des Kaisers Heer,
Soll der Ruhm von uns'ren Thaten
Dringen über Land und Meer.“

Ob man die Ritterrüstung, die Joachim Maass zu Weihnachten geschenkt bekam, auch als militärisch oder gar militaristisch einstufen sollte, sei dahingestellt ... Übrigens wurden die Geschenke lange ohne Verpackung übergeben oder ausgelegt, was bei der Ritterrüstung auch schwierig gewesen wäre. Geschenkpapier setzte sich erst nach dem Zweiten Weltkrieg durch.

Auch die Spielsachen für Mädchen bereiteten auf das künftige Leben als Erwachsene vor. Das bedeutete für bürgerliche Frauen: Ehe, Führung eines größeren Haushalts und Aufzucht von Kindern. In einer Geschichte aus dem „Hamburger Weihnachtsbuch“ von H. Gerstenberg suchte die „kleine Ella“ sich vom Gabentisch den „neuen Puppenwagen“ aus und sang gleich ein Wiegenlied für ihre Puppe:

„Jetzo, mein Püppelein,
Sing ich dich ein.
Draußen da ist es kalt,
Ist beschneit Feld und Wald.
Aber in deinem Bett
Liegt es sich nett.“

Leisten konnten sich diese Geschenke natürlich nur die wohlhabenden Hamburger. Schon in der Mittelschicht fielen die Gaben bescheidener aus. Matthias Claudius lebte mit seiner Familie in Wandsbek lange Jahre am Rande der Armut und konnte nur dank einiger Gönner sein freies Schriftstellerleben führen. Über die Geschenke zu Weihnachten 1807 schrieb er rückblickend im Januar 1808: „Du weißt, daß wir dies Jahr viel Äpfel eingesammelt haben. Äpfel waren also die Hauptsache und der ganze Tisch war, bis auf einen Tannebaum mit Lichtern in der Mitte, damit überladen. Rundum standen freilich auch Teller, war aber nicht viel darauf; doch auf der Mädchen ihren waren baumwollene Umschlagtücher ... und Walnüsse und das Zuckerwerk von Heisens, auch warme Strümpfe auf der Knaben Teller, und auf Peters seinem ein komplettes Exemplar des W. Bothen. Honigkuchen verstehen sich von selbst.“

Praktisches gab es auch in der Familie Wichern. Johann Hinrich Wichern erinnerte sich 1826 an die Geschenke seiner Kindheit: „Am Abend war dann bei Mutter die Verteilung der Geschenke. Mutter schenkte mir einige Paar Strümpfe, Schnupftücher und dgl., Lina eine Kette für eine Tabakspfeife von ihr selbst gemacht, Mine ein paar

Strümpfe etc. Das Herz ging mir über. Wir beteten am Weihnachtsbaum laut ein Vaterunser."

Historisch kommen wir jetzt schon in die zweite Hälfte des 19. Jahrhundert. Olga Seelig, geb. Cramer (1876–1971) schrieb in ihren Lebenserinnerungen über die Geschenke ihrer Kindheit: „Jeder bekam außer nützlichen Dingen auch Spielsachen und Bücher: die Bücher von der Averdieck oder Herzliebchens Zeitvertreib." Von Elise Averdiecks Kinderbüchern war schon die Rede. Die Buchreihe „Herzliebchens Zeitvertreib" richtete sich an die jüngsten Kinder.

Bei den Hennebergs, der Großgrundbesitzerfamilie im damals noch preußischen Alstertal, gab es um 1900 ebenfalls „nützliche Sachen, auch Spielsachen, manches für das Pony, die Jagd und was noch alles die Gabentische zeigen, hier ist Weihnachten auf dem Lande". Weihnachten auf dem Lande – dort gab es sogar für die Tiere Geschenke, mindestens eine Extraportion Futter. Karl Otto Detlow, ein Autor aus dem Landgebiet, meinte: „Ja, Wiehnachten, denn kannst sogor de lütt Müüs lieden un muchst ehr strakeln, wenn se nich so bang weern ... Kannst ehr hören, de lütten Müüs? Müssen je egenlich'n Stück Speck hebben, is doch Hillig Avend." Noch um 1800 stellte man den Kühen ein Licht vor die Krippe. Um Mitternacht durfte niemand den Stall betreten. Denn dann sollten die Tiere sprechen können ...

Zu den Geschenken für den jungen Gobert gehörte ebenfalls Nützliches, insbesondere Bekleidungsstücke. Die lösten nicht nur Freude aus, sondern kaufmännische Überlegungen: „Wir hielten Sachen zum Anziehen auf Gabentischen für eine raffinierte Transaktion unserer Väter, die Erziehungskosten zu Lasten unseres Spielzeugkontos zu mindern."

Auch wenn ihre Lebensverhältnisse beschränkt waren, freuten sich viele Kinder weniger über die praktischen Gaben. Der Publizist Erich Lüth (1902–1989) resümierte „Meine ganze Sehnsucht galt nicht den nützlichen Dingen, der Wäsche oder den Schlipsen, die meine Mutter eingekauft hatte, sondern den unnützen, und seien es Weihnachtsengel aus Goldpapier."

Der bunte Teller

In der Mitte der Geschenke auf dem Gabentisch stand oft der „bunte Teller“, aus Porzellan oder geprägter Pappe, mit Nüssen, Äpfeln, Marzipan und Schokolade. Der Apfel, besonders der rote, war noch in der Nachkriegszeit ein beliebtes Geschenk für Kinder und auf dem „bunten Teller“ unentbehrlich, heute nicht mehr vorstellbar. Damals konnten die Äpfel noch nicht so lange frisch gehalten werden. In den Läden gab es eine Auswahl alter Apfelsorten, die erst zu Weihnachten reif werden. Davon ist der Boskoop übrig geblieben. Noch heute bieten Buden auf den Weihnachtsmärkten sogenannte „Liebesäpfel“ an, die mit rotem, karamellisierten Zucker bestrichen sind.

In ärmeren Familien beschränkten sich die Geschenke auf den „bunten Teller“, der dann allerdings nicht nur Essbares enthielt. Rudolf Kinau erinnerte sich: „Un ick harr den annern Morgen up mien’n bunten Tüller: Viere scheune Kant-appel, twindig Wallnöt, dree brune Kooken, un bobenup noch ’n feine weeke wulln Mütz, mit’n bunten Klunker!“ Der „bunte Teller“ ist noch heute in Hamburg ein Begriff.

Zu den beliebten Süßigkeiten auf dem Teller gehörte Marzipan. Von „Marcipanen“ auf dem Gabentisch hatte schon Zell im 18. Jahrhundert geschrieben. Seit dem Mittelalter wurde auch in Hamburg Marzipan hergestellt, sogar in privaten Küchen. Das Hamburgische Kochbuch von 1798 besagt zum „Marcepan“, dem „Markusbrot“: „Man kann ihn von Mandeln, Pistacien, Haselnüssen und dergleichen machen, und auf vielerley Art. Süße Mandeln wirft man eine Nacht in kaltes Wasser, bis die Schaale herunter geht, stößt sie dann mit Rosenwasser ganz fein, mischt hierunter so viel gestoßenen Zucker, als die Mandeln wiegen, setzt Selbiges unter beständigem Rühren auf Kohlfeuer, damit es nicht anbrenne, bis

der Teig nicht mehr anklebt, thut ihn alsdann auf einen mit Zucker und, wenn man dabey sparen will, Mehl melirt bestreutem Backtisch, dass er kalt wird. Nun rollt man ihn mit einem Rollholz wie einen anderen Teig, macht davon solche Formen als man will, Herzen, Kleeblätter, Sterne, oder nur rund: sie werden auf eisernen Blechen oder in der Tortenpfanne auch auf Oblaten bei mäßiger Hitze gebacken." Das Grundrezept mit Mandeln, Zucker und Rosenwasser ist auch heute noch aktuell.

Woher der Name „Markusbrot" stammt, kann man in einem Hamburger Schulbuch aus den 1960er-Jahren nachlesen. Dort ist eine alte Lübecker Chronik übersetzt abgedruckt: „1407 war ein so kalter Sommer, daß alle Früchte verdarben und eine so große Hungersnot entstand, daß die Menschen Gras und Heu essen mußten und der Bissen Brot wie eine welsche Nuß groß, drei Pfennige kostete. Diese kleinen Brote nannte man Markusbrötchen. Man buk sie zum Andenken der betrübten Zeit am Markustage, wo sie dann, reich gewürzt, den Namen Marzipan erhielten."

Emilie Weber erzählte in ihren Jugenderinnerungen, was passieren kann, wenn man die Weihnachtsnäschereien allzu lange aufhebt: Ihre Mutter „... fand zu Ostern beim Aufräumen der Speisekammer wohlverwahrten und ganz frisch aussehenden Marzipan. Sie freute sich sehr über diesen guten Fund, gab den beiden Mädchen, die mit ihr aufräumten, davon ... Die Mädchen hatten ihren seltenen Leckerbissen gleich mit großem Appetit verzehrt. Aber bald nach dem Genuß desselben wurden sie beide plötzlich todkrank, so schlimm, als ob sie sterben müßten. ... Durch energische Gegenmittel gelang es ..., die beiden Mädchen wieder herzustellen. Seit der Zeit wurden Süßigkeiten nie mehr für längere Zeit aufbewahrt."

Weihnachtliche Geschenke erhielt in großbürgerlichen hanseatischen Haushalten auch das Personal. Olga Seelig erinnerte sich so: „Line Schwips, die Näherin mit ihrer schwarzvioletten Kappe; Christine Petersen, die Reinmachefrau; Aufwärterinnen usw. – alles mußte sich Geld und Geschenke von Madame holen. Jede bekam auch ein Paket brauner und weißer Kuchen, eine Marmeladenwurst und einen Schokoladestern mit Zuckerperlen – eine Spezialität von Wilm." Wilm war ein exklusives Delikatessengeschäft in der City.

Die mennonitische Familie Beets in Altona widmete sich ebenfalls den Armen, auch schon vor Weihnachten: „Kam der Weihnachtstag heran, so sah man die Hausmutter mit freudestrahlendem Gesicht Fleisch, Speck, Erbsen, Reis und auch ein Stück Geld an die Armen verteilen, die gewohnt waren, Wohltaten aus dem Hause zu empfangen."

Gobert empfand die Armenbescherung in seiner Jugend immer als peinlich: „Arme Leute waren noch aus mancherlei Geschichten der Jugendliteratur des vorigen Jahrhunderts Lehrbeispiel an Ehrlichkeit und Sauberkeit für all die Tunichtgute aus reichen Familien. Daher hatten wir viel mehr Angst, ahnungslos für sie schon durch unseren Saal höhere Wesen zu sein, als die Kinder selbst, die mit wassergebürsteten Scheiteln und verlegenen Händen an dem Gabentisch warteten. Löste die Freude ihre Benommenheit oder sagten sie in ihrem Vorstadtidiom mit dem rollenden R Gedichte auf, so kamen wir uns – und vielleicht im Unterbewußtsein durchaus richtig – unterlegen vor ... Das Spielzeug aber bestand überwiegend aus unseren, im Lauf der Jahre auf dem Dachboden abgestellten Bestände."

In einer Pastorenfamilie der 1930er-Jahre dagegen wurde nicht aus dem Überfluss abgegeben. Die Tochter Irmela Fliedner erinnerte sich an ihre Kindheit: „In der Vorweihnachtszeit wurden wir aufgefordert, unsere Spielschränke

aufzuräumen, denn es wurde Spielzeug für arme Kinder gesammelt. Vater sagte: Für die armen Kinder gibt jeder etwas, es muss heil sein und Ihr habt gern damit gespielt. Außerdem bekamen wir so Platz für das, was das Christkind uns an Weihnachtswünschen erfüllte." In anderen Familien, die sparen mussten, wurden einige Geschenke nach Weihnachten wieder eingepackt und bis zum nächsten Jahr aufbewahrt. Dazu gehörten Gesellschaftsspiele, das Puppenhaus oder auch die Eisenbahn.

In Krisen- und Kriegszeiten fielen die Geschenke ohnehin bescheiden aus – oder sie fielen ganz weg. Erstaunlich, was in Hamburg Weihnachten 1813 noch möglich war. Ab Herbst 1813 wollten die Franzosen die Stadt zur Festung ausbauen, weil sich Preußen mit Österreich und Russland verbündet hatte und die Alliierten Hamburg befreien wollten. Die damals jugendliche Marianne Prell (1805–1877), später die Leiterin einer Vorschule, hielt für ihre Kinder fest: „Solch einen Weihnachten, wie Hamburg damals sah, hat keiner von Euch je erlebt, und wird, so Gott will, kein Mensch in Hamburg je wieder erleben! … Trotz aller trüben Zeiten hatte Mutter nämlich doch einen kleinen Tannenbaum für uns aufgeputzt, freilich nicht mit Konfekt, aber doch mit Äpfeln, Nüssen und Lichtern, auch einige braune Kuchen hatte unser Nachbar, der alte gute Zuckerbäcker, uns gebracht; außerdem sollten wir jede noch eine kleine Puppe haben, deren Anzüge Mutter erst abends vorher genäht hatte."

Ausgerechnet am Weihnachtsabend 1813 griffen die französischen Besatzer alle Armen in Hamburg auf, die keinen ausreichenden Lebensmittelvorrat besaßen, und sperrten sie in die Petrikirche. Am ersten Weihnachtstag trieben Kürassiere die Armen aus der Stadt hinaus – bei zehn Grad Kälte. Mehrere tausend Menschen retteten sich nach Altona, aber etwa 1200 fanden den Tod, durch Hunger und Erschöpfung.

„Stille Nacht" aus Hamburg-Hamm

Zu den privaten Bescherungen und den weihnachtlichen Gottesdiensten gehörten selbstverständlich auch Weihnachtslieder. Der Text eines der ältesten Weihnachtslieder im evangelischen Gesangbuch (Nr. 33) stammt von Johann Rist, der in Wedel und Hamburg lebte:

„Brich an, du schönes Morgenlicht,
und lass den Himmel tagen!
Du Hirtenvolk erschrecke nicht,
weil dir die Engel sagen,
dass dieses schwache Knäbelein

soll unser Trost und Freude sein,
dazu den Satan zwingen
und letztlich Frieden bringen."

Rist dichtete den Text des Weihnachtsliedes im Jahr 1641. Johann Schop (um 1590–1667) vertonte die Verse seines Freundes. Schop leitete ab 1621 die Hamburger Ratsmusik, wirkte als Organist an der Jacobikirche und trat als Geigenvirtuose hervor.

1641, als Rist und Schop ihr Weihnachtslied schufen, verheerten immer noch die Kriegszüge des „Dreißigjährigen Krieges" die deutschen Länder. Auch Wedel war heimgesucht worden. Rists Bibliothek wurde geplündert. Aber Hamburg blieb unbehelligt, weil die Stadt ab 1616 zur stärksten Festung Deutschlands ausgebaut worden war.

Vom 16. Jahrhundert an hat sich bis heute das Quempassingen erhalten. Die Bezeichnung „Quempas" steht für die Abkürzung der ersten Worte des Liedes: „Quem pastores laudavere" – in der Liedübersetzung: „wen die Hirten lobeten sehre". Dabei handelt es sich um einen Wechselgesang. Meistens werden vier Sängergruppen an vier Ecken der Kirche aufgestellt. Vorher ziehen sie mit brennenden Kerzen ein. Ursprünglich wurde der Quempas zu Weihnachten inszeniert, heute eher im Advent.

Ein weiteres bekanntes Weihnachtslied hat mit Hamburg zu tun. Den Text des Liedes „Tochter Zion, freue dich" (ein Adventslied, Nr. 13 im Gesangbuch) dichtete der evangelische Theologe Heinrich Ranke (1798–1876) im Jahr 1826. Er bezieht sich auf den Bibeltext des Propheten Sacharja. „Tochter Zion" steht für Jerusalem. Ranke war übrigens der Bruder des renommierten Historikers Leopold von Ranke.

„Tochter Zion, freue dich,
jauchze laut, Jerusalem!
Sieh, dein König kommt zu dir,
ja er kommt, der Friedefürst.
Tochter Zion, freue dich,
jauchze laut, Jerusalem."

Die Melodie ist fast hundert Jahre älter. Sie stammt von Georg Friedrich Händel (1685–1759) aus seinen Oratorien „Judas Maccabäus“ und „Joshua“. Händel war von 1703 bis 1706 als Musiker und Komponist an der Hamburger Oper tätig. Damit nicht genug der Bezüge zu Hamburg: Ranke textete für den musikalischen Salon von Karl Georg von Raumer. Der lebte damals zwar in Nürnberg, seine Schwägerin, die Musikpädagogin Luise Reichardt, aber in Hamburg. Luise Reichardt publizierte das Lied in ihrer Sammlung „Christliche, liebliche Lieder“ 1826 – in ihrem Todesjahr.

Im 18. Jahrhundert schrieb Matthias Claudius seine „Weihnachts-Cantilene“, ein langes Singstück, das auch aufgeführt wurde. Das Rezitativ lautet:

„Maria war zu Bethlehem,
Wo sie sich schätzen lassen wollte;
Da kam die Zeit daß sie gebären sollte;
Und sie gebar ihn –
Und als sie ihn geboren hatte
Und sah den Knaben, nackt und bloß;
Fühlt sie sich selig, fühlt sich groß,
Und nahm voll Demut ihn auf ihren Schoß,
Und freut sich in ihrem Herzen sein,
Berührt den Knaben zart und klein
Mit Zittern und mit Benedein,
Und wickelt ihn in Windeln ein
Und bettet ihn sanft in eine Krippe hin.
Sonst war kein Raum für ihn.“

Claudius’ mindestens so berühmter Zeitgenosse Friedrich Gottlieb Klopstock (1724–1803), der ab 1770 in Hamburg lebte, hatte 1769 ein „Weihnachtslied“ geschrieben. Die erste Strophe lautet:

„Des Ewigen und der sterblichen Sohn
Er tut den ersten Schritt ins Heiligtum,
Er wird geboren!“

Bemerkenswert ist die Geschichte des Liedes „O du fröhliche ...", das heute nicht nur in jedem Weihnachtsgottesdienst gesungen, sondern auch in allen Kaufhäusern ab 1. Dezember gedudelt wird. Die Melodie stammt wohl aus Sizilien, war ein altes Schifferlied zu Ehren der Jungfrau Maria und gelangte mit Krippenhändlern über die Alpen. Angeblich wurde der Text für die Zöglinge einer sozialen Jugendeinrichtung verfasst. Da die Melodie so eingängig war, dichtete Theodor Körner (1791–1813) darauf das „Gebet vor der Schlacht". Darin hieß es gar nicht weihnachtlich: „Hör uns, Allmächtiger! Hör uns, Allgütiger! Himmlischer Führer der Schlachten!"

Zu Johannes Brahms „Volkskinderliedern" gehört auch das Lied „Weihnachten". Hier die erste Strophe:

„Uns leuchtet heut der Freude Stern!
Auf Jubelklang!
Wir grüßen den erkornen Herrn!
Strömt aus in Festgesang!"

Brahms und sein älterer Kollege Mendelssohn-Bartholdy wurden in Hamburg geboren, sind aber beide nicht in Hamburg berühmt geworden.

Das beliebteste deutsche Weihnachtslied, „Stille Nacht", stammt textlich von Pfarrer Joseph Mohr aus Österreich

(1816) und hatte ursprünglich sechs Strophen. Heute steht es mit dreien im Gesangbuch. Diese Fassung stellte Johann Hinrich Wichern in Hamburg zusammen, aus den beiden ersten Strophen und der sechsten. Also auch hier hat der Gründer des Rauhen Hauses Spuren hinterlassen.

Im 20. Jahrhundert verfasste erneut ein Hamburger ein weihnachtliches Kirchenlied. Hermann Claudius (1878–1980), ein Nachfahre von Matthias Claudius, in jungen Jahren Anhänger der Sozialdemokratie, später des Nationalsozialismus, dichtete 1939 das Lied „Wisst Ihr noch, wie es geschehen?“ (Nr. 52 im Gesangbuch). Hermann Claudius lebte lange in Hamburg. Sein Haus im Stadtteil Hummelsbüttel ist noch erhalten.

„Wisst ihr noch, wie es geschehen?
Immer werden wir's erzählen:
wie wir einst den Stern gesehen
mitten in der dunklen Nacht,
mitten in der dunklen Nacht.“

Vullbuksavend – das Schmausefest

Zwar boten schon die Adventswochen Gelegenheit zum reichlichen Essen und Trinken, jedenfalls als das ursprüngliche Fastenverbot nicht mehr beachtet wurde, die eigentliche Schmausezeit begann aber am Weihnachtsabend. Im Volksmund hieß der Weihnachtsabend daher auch „Vullbuksavend“. Das Schlemmen fiel in eine Jahreszeit, in der die Lebensmittelvorräte noch ausreichend und gut erhalten waren. Man bedenke: Die Konservierungsmethoden blieben bis in das 19. Jahrhundert gleich und beschränkten sich auf Einpökeln, Dörren, in Essig einlegen, in Erdmieten aufbewahren. Reiche konnten sich Eiskeller leisten und dort mit Eisstücken Lebensmittel frisch halten. Erste Erleichterungen für die Haushaltsführung brachten die Erfindungen der Einkochdosen und -gläser. Günstig war winterliche Kälte; dann konnte man z. B. Gänse, Hasen oder Rehkeulen einfach draußen am Haus aufhängen.

Die Öfen wurden durch das ausgiebige Kochen und Backen stark beansprucht. Bis in das 19. Jahrhundert benutzten die Hamburger auch in der Innenstadt den „deutschen“ Herd. Das war eine offene Feuerstelle mit darüberhängendem, ebenfalls offenem Rauchabzug. Dieser Herd diente nicht nur zum Kochen und Backen, sondern auch als Heizung. Das offene Herdfeuer war gesundheitsschädlich durch seinen Rauch und löste vielfach Brände aus. Daher bot der spätere allseits geschlossene „englische“ Herd mit einem Ofenrohr aus Metall viele Vorteile. Nur der Weihnachtsmann musste sich jetzt einen anderen Weg zu den Kindern suchen, wie Rudolf Kinau beschrieben hat.

Im Mittelalter gingen Feuerschauer von Haus zu Haus, prüften den Zustand der Kochstellen und empfahlen besondere Vorsicht mit Feuer und Licht – die Häuser waren damals ja noch überwiegend aus Holz gebaut, auch in Hamburg. Im 18. Jahrhundert, zu einer Zeit, als die Stadthäuser mittlerweile aus Fachwerk oder Vollmauerwerk bestanden, war die Angst vor Bränden immer noch groß. So mussten die Hamburger Pastoren ab 1750 am Sonntag vor dem Thomastag (21. Dezember) die Warnung vor Feuergefahr von der Kanzel verlesen.

Das traditionelle Hauptgericht in den städtischen Familien der mittleren Gesellschaftsschicht am Weihnachtsabend bestand schon im 18. Jahrhundert aus Karpfen, meistens mit Essig blau gekocht. Im Mittelalter war der edle Karpfen den Geistlichen und Adligen vorbehalten gewesen. Mönche züchteten den Karpfen, der in Mitteleuropa nicht heimisch ist, in Teichanlagen, um für die Fastenzeiten ausreichend

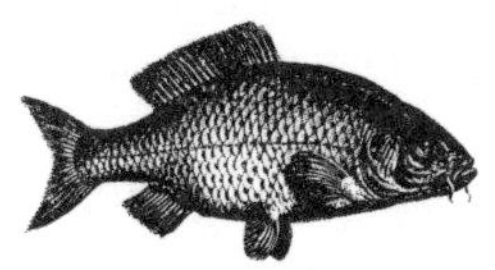

Fisch zur Verfügung zu haben. Die Hamburger, die damals wegen des Fastengebots Fisch essen wollten, mussten sich an andere Fische halten. Vorwiegend waren das angeblich Quappen, die zu den dorschartigen Fischen gehören. Sie leben im Süß- oder Brackwasser und dürften daher im alten Hamburg weit verbreitet gewesen sein. Hamburg erscheint heute als Stadt mit Seehafen, der mittelalterliche Hafen lag aber an der Alster. Noch um 1900 soll die Alster von Fischen nur so gewimmelt haben. Angeblich konnte man damals Fische mit Nähnadeln oder sogar mit der bloßen Hand fangen.

Der Lachs kam noch in der frühen Neuzeit in der Elbe und sogar in den Fleeten so häufig vor, „daß die Brauerknechte ihn mit Stangen totschlugen, und daß ein Verbot erlassen werden mußte, wonach dem Gesinde nicht mehr als zweimal in der Woche Lachs gereicht werden durfte".

Zurück zum Karpfen: Griesheim schrieb um 1760: „Am Weihnachtsabend essen alle Häuser Karpen; ohne selbige würde vielleicht manches Gesinde den Dienst aufsagen. Man hat mir versichert, daß an dem einzigen Abend 10 000 Reichstaler für diesen Fisch ausgegeben werden." Auch die Karauschen waren beliebt, die ebenfalls zu den Karpfenfischen zählen und früher selbst in kleinsten Tümpeln lebten. Sie konnten sich als Lieblingsspeise aber gegen die Karpfen nicht durchsetzen.

Nach den Karpfen als Hauptgericht schlossen sich am Weihnachtsabend weitere Speisen an, je nach Geldbeutel. In der Familie von Olga Seelig wurde Ende des 19. Jahrhunderts nicht gespart: „Für alle zusammen gab es Karpfen. Erst wenn das Personal fertig gegessen hatte, wurde für uns das Essen aufgetragen, das in einer Fastenspeise, nämlich Austern, bestand: nachher gab es noch englischen Chesterkäse und zum Schluß einen Baumkuchen mit Kompott." Seelig stellte fest, dass damals „wirklich viel gegessen" wurde, denn erst nachmittags um fünf Uhr hatte es Mittagessen gegeben. Das kann man auch bei Heinrich Heine nachlesen. Er nannte fünf Uhr „die allgemeine Fütterungsstunde".

Bis dahin hielt sich also die Sitte, auch dem Personal Karpfen zu servieren. Eigentlich erstaunlich, dass der

Karpfen zu Weihnachten so beliebt war, denn er gehört als Fisch doch eher in die adventliche Fastenzeit.

Auch die Familie von Joachim Maass verzehrte regelmäßig Karpfen am Weihnachtsabend: „... ohne die kleinste Abweichung in allen Jahren bestand das Weihnachtsessen vielmehr aus immer dem gleichen: aus Bouillon, Karpfen und Plumpudding ... (Die Karpfen) ... rochen muttig und bruttig, nach heißem Schlamm mit einem Essighauch darin und dampften heftig und sozusagen aufgeregt darüber, daß man sie gekocht hatte – die runden taubenblauen Fische, die starr und böse aus weißen Augenkugeln ins Nichts glotzten, die gerollten weißen Lippen traurig und empört geöffnet wie in einem verstummt noch fortprotestierenden Oh. Der Kopfstücke nahm sich mit Vorliebe der Vater an, weil sie erstens schwierig zu handhaben und zweitens die kleinen Wangen darin wie Fleischnüsse und überhaupt das Beste an dem ganzen Vieh waren."

Karpfen, die beim Kochen durch Zugabe von Essig ihre blaue Farbe erhielten, wurden erst durch fette Saucen zum Festmahl. Beliebt war eine Sauce aus Braunbier, viel Butter, Zwiebeln, Salz, Zucker und Gewürzen – in süß-saurer Geschmacksrichtung. Süß-sauer aßen die Hamburger allgemein gern – siehe auch die berühmte Aalsuppe, zu der neben pikanten Zutaten traditionell Backpflaumen gehören. Die Karpfen wurden nicht nur mit Biersauce serviert, sondern wurden teilweise selbst schon in Bier gekocht. In der Bierbrauer-Stadt Hamburg war Bier ohnehin ein Bestandteil vieler Speisen. Das Bier enthielt aber weniger Alkohol als heute.

Die Karpfen, die in der Stadt nicht mehr verkauft werden konnten, wurden noch im Hamburger Umland angeboten, allerdings teurer, wie Ludwig Frahm aus Poppenbüttel erzählte: „In de Stadt sünd dit Jahr Karpen in Överflot. De Herrschaften schient sik all för Wiehnachten indeckt to hebben. Dar is gestern nicht veel mehr köfft worrn. So sünd den disse beiden fleegenden Fischhändler up den Gedanken kamen, de Butenminschen ok mit Karpen to versorgen. Ümmer leben un leben laten! Dat se hier buten tein Penn för't Pund mehr nehmt as in de Stadt,

fallt wieder nich up; dat is je man eenmal Wiehnachtenabend."

Das Abendessen wurde am Weihnachtsabend oft erst spät eingenommen, jedenfalls von den Erwachsenen. Elise Averdieck erzählte: „Lottchen soll schon mit den großen Leuten um zehn Uhr Karpfen und Kartoffeln essen; die Kinder bekommen aber um acht Uhr gebratene Küken, Spinat, Kartoffeln und gekochte Früchte und zum Nachtisch goldene Äpfel und Nüsse und Zuckerwerk vom Weihnachtsmann." Der genannte Spinat war wohl Winterspinat und stammte bei Frost aus Gewächshäusern. Als Nachtisch genossen bürgerliche Familien vielfach noch Weihnachtsgebäck, dazu Kaffee, trotz der vorgerückten Stunde.

Im Landgebiet herrschten andere Sitten. Dort durften die Knechte und Landarbeiter von Weihnachten bis zum Fastnachtsdienstag in der warmen Stube des Bauern mitessen und tüchtig zulangen. Paul Rolle berichtete aus Volksdorf, das als „Walddorf" seit dem Mittelalter zu Hamburg gehörte: „Der Weihnachtsabend galt als Vullbuuksabend. Der Karpfen allerdings war die Spezialität der Hamburger in der Stadt. Auf dem Dorfe gab es im vorigen Jahrhundert dicken Reis mit Kanehl (dem wertvollen Ceylon-Zimt) und Zucker bestreut. Dann wurde die erste geräucherte Mettwurst angeschnitten. Zu dem Mettwurstbrot gab es als etwas Besonderes echten schwarzen Tee zu trinken. Danach gab es die frischgebackenen Ossenogen, die in Hamburg Apfelkuchen oder Berliner genannt werden.

Schließlich gab es noch selbstgebackene braune Kuchen und Äpfel, Bratäpfel und Nüsse. Auch die Tiere im Stall bekamen zum Festabend etwas Gutes gereicht."

Die Dorfbewohner verzehrten von den „Ossenogen" pro Person angeblich oft mehrere Dutzend. Erstaunlich, denn ein historisches Rezept sah folgende Zutaten vor:

> $^1/_2$ Pfund Butter, 4 ganze Eier, 4 getrennte Eier, 1 Pfund Zucker, $^1/_2$ Liter lauwarme Milch, 1 Pfund Mehl, $^1/_4$ Pfund Korinthen, 2 Pfund Äpfel, 50 g Hefe, Gewürze wie Koriander und Kardamom, Schmalz zum Backen, Zimt und Zucker zum Bestreuen. Und so werden die Schmalzkuchen hergestellt: Hefe in einem Teil der Milch mit etwas Zucker auflösen, Butter schaumig rühren. Mehl in eine Schüssel füllen, die aufgelöste Hefe hinzugeben, dann die Butter und die restliche Milch, alles gut verrühren. Die Äpfel schälen und in möglichst kleine Stücke schneiden, zur Teigmasse geben, dann die Korinthen und die ganzen Eier, danach die Eigelbe und die Gewürze. Die vier Eiweiße zu Eischnee schlagen und unter den Teig ziehen. Den Teig rund eine Stunde gehen lassen. In der Ochsenaugenpfanne Schmalz erhitzen. Mit Hilfe von zwei Löffeln kleine Mengen Teig abteilen und in der Pfanne ausbacken. Die fertigen „Augen" mit Zimt und Zucker bestreuen und im Ofen warmhalten.

Reis, der ja auch zum Festessen zählte, war etwas Luxuriöses, weil er importiert und daher teuer bezahlt werden musste. Im Alltag aß man sonst Grütze aus einheimischem Getreide, zum Beispiel Hafergrütze, gern zum Frühstück. Ab dem 19. Jahrhundert waren Kartoffeln in verschiedener Zubereitungsform für die Mehrheit der Bevölkerung Hauptnahrung zum Mittag und zum Abend. Daher ist die Freude über die Reismahlzeit verständlich. Manchmal enthielt die Reisgrütze eine Überraschung als Orakel, zum

Beispiel eine Mandel. Wer sie auf seinem Teller entdeckte, bekam ein kleines Geschenk.

Was in den Haushalten aufgetischt wurde, konnte man schon draußen riechen. Ludwig Frahm berichtete aus dem Alstertal: „De Finstern warn hell. Dörch veele Gardinen schimmert de Dannbömlichter. Bi jedes Hus givt dat en annern Geruch. Hier rükt dat nach Ossenogen un Kaffee, dar nah Kohl un Swienskopp un Rum, up en drütte Stell nah Karpen, Botter un Ananasbohl. So dat man mit sin Rüker faststelln kann, ob dar en Riekmann oder en Lüttmann, en Stadtminsch oder jemand wahnt, den sein Weeg up n Lann stahn hett …“

In manchen Familien gab es auch Salat, allerdings keinen vegetarischen Blattsalat, sondern gehaltvollen Kalbfleischsalat, also mit dem feinsten und wertvollsten Bratenfleisch, natürlich kalorienreich mit viel Sahne vermengt und nicht etwa mit Öl, wie er in unserer Zeit vielleicht zubereitet würde. Nach dem Zweiten Weltkrieg in der Wirtschaftswunderzeit setzte sich bis heute in Hamburg der Brauch durch, Kartoffelsalat mit Würstchen zu servieren. Der Kartoffelsalat wird traditionell mit Mayonnaise angemacht. Die Würstchen sind „Wiener“ – keine Hamburger Spezialität, aber auch keine Wiener: Sie heißen nämlich nach dem Berliner Schlachtermeister Wien am Hackeschen Markt, der diese Knackwürstchen zuerst produzierte. Knackwürste, deren zarte Darmhülle beim Abbeißen knackt, spielten bei Familien- und Vereinsfeiern in Hamburg stets eine wichtige Rolle. Teilweise wurden regelrechte Knackwurst-Wettessen veranstaltet. Dabei soll ein Feuerwehrmann aus Hamburg-Hummelsbüttel einmal 24 Knackwürste verzehrt haben …

Beliebt ist bis heute auch roter Heringssalat. In der Oberschicht des 19. Jahrhunderts wäre er allerdings fehl am Platze gewesen. Denn die preiswerten Heringe gehörten zur Ernährung der ärmeren Bevölkerung, zusammen mit Kartoffeln, oft als tägliche Speise. Heringe wurden auch als „Maurerforellen“ bezeichnet, was schon zum Ausdruck bringt, dass Wohlhabende sich Besseres leisten konnten. Zum roten Heringssalat folgt hier ein altes Rezept aus Hamburg-Eimsbüttel:

Als Zutaten benötigt man Salz- oder Bismarckheringe, rote Beete, Gewürzgurke, Äpfel und Zwiebeln (am besten die milden roten!), dazu Essig, Öl, ein wenig Senf und reichlich Dill. Die roten Bete werden in sehr kleine Stücke geschnitten und in wenig Wasser ca. 20 Minuten gedünstet. Währenddessen zerschneidet man die Heringe, Gewürzgurken, Äpfel und Zwiebeln. Alle Zutaten werden mit Essig, Öl, Senf und Dill vermengt. Der Salat sollte einige Stunden durchziehen. Als Variante bietet sich an, etwas Preiselbeerkompott unterzumischen, um einen stärker süß-sauren Geschmack zu erzielen. In einigen Familien ist es auch Tradition, kleingeschnittenes Kalbfleisch hinzuzufügen.

Das Schmausefest vom Weihnachtsabend wurde an den folgenden Feiertagen fortgesetzt – sofern man es sich leisten konnte. In der feinen Gesellschaft fanden manchmal mehrere Weihnachtsfeiern statt. Gobert berichtet: „Übrigens feierten wir, wie die meisten Familien, drei- bis viermal Weihnachten, weswegen die Bescherung zu Hause meist schon auf den 23. Dezember vorgezogen werden mußte, damit bei den Großeltern wirklich alles zusammentraf.“ Und die Feiern der Familie Gobert wurden großzügig begangen: „Natürlich empfanden wir dieses

Fest schon deswegen als Jubel und Trubel, weil dort für etwa 50 Menschen im Alter von zwei bis siebzig Jahren brechende Tische ausgebreitet waren, soweit nicht Dreiräder und Karren im riesigen Saal dazwischen herumfuhren.“

Heinrich Heine meinte: „Die Hamburger sind gute Leute und essen gut. Über Religion, Politik und Wissenschaft sind ihre respektiven Meinungen sehr verschieden, aber in betreff des Essens herrscht das schönste Einverständnis.“ Noch harscher urteilte Baggesen: Die „hamburgischen Prinzipialmaterien“ seien „Spielen, Essen und Trinken“.

Der Rummelpott geht um

Noch gar nicht so lange ist es her, dass Müllwerker zu Weihnachten an der Haustür klingelten und mehr oder weniger direkt einen Obolus forderten. Diese Praxis wurde mittlerweile von der Hamburger Stadtreinigung unterbunden. In noch früheren Zeiten war es für Angehörige bestimmter Berufe selbstverständlich, ein Weihnachtsgeschenk in Geld zu verlangen. So gingen im 18. Jahrhundert in Hamburg von Haus zu Haus: der Küster, der Türmer, der „Turmtüter“, der Schornsteinfeger, der Nachtwächter, der Putzer und Löscher von Straßenlaternen, der Kornmesser und der Kornträger, der Karrenzieher, der Straßenfeger, der Dreckwagenführer ...

Nicht anders war es im Hamburger Landgebiet gegen Ende des 19. Jahrhunderts, wie Ludwig Frahm aufschrieb: „Dat is morgens noch teemlich früh, un doch sünd all ein paar Minschen up de Strat begäng. Se paßt hutmorget slecht in das Stratenbild; se sünd' ganz swart, up und dup. Twee Schosteenfegers sünd't. Se wüllt noch flink vör Wiehnachten un Niejahr ... de letzten Schosteen fegen, dat keen Brand darin entsteiht. Min Nahwer seggt, dat is garnich an dem: denn se kamt ut de meisten Hüs gliek wedder rut ... grad as een paar Bettlers. Se wüllt blot to't Fest grauleern un ehr Geschenk affhaln."

Und schon im Mittelalter wurde die Gebefreudigkeit der Menschen zu Weihnachten ausgenutzt. Eine Hamburger Verordnung („Bursprake") von 1372 gebot: Bettelnde Leute „... scholen nicht umme gan in deme hilgen abende unde in der hochtidt. Unde man schal er nicht ghewen ..." – sonst drohte eine Geldstrafe.

Heute soll es Heiligabend recht besinnlich zugehen. Das war im alten Hamburg ganz anders. Offenbar haben Kinder schon immer Gelegenheiten gesucht, um von Haus zu Haus zu ziehen, Süßigkeiten zu ergattern und die Leute zu necken. Junge Männer interessierten sich ebenfalls wohl stets für Lärmen und Ballern mit Schusswaffen. Aber es waren nicht nur junge Männer, sondern auch ältere. Sogar bei Beerdigungen wollten manche Männer schießen. Die „Revidirte Bekanntmachung betreffend den Friedhof zu Ohlsdorf" von 1886/1899 regelte in § 5: „Das Abgeben von Ehrensalven bei Beerdigungen bedarf einer vorgängigen schriftlichen Erlaubniß ... Das Abbrennen von Kanonenschlägen und sonstiger Feuerwerkskörper ist verboten."

Ludwig Frahm schrieb über den Nachmittag des 24. Dezember im Alstertal vor dem Ersten Weltkrieg: „De Dag is bald rüm, Klock veer fangt dat all an to schummern. De ersten Schüß fallt. Denn wer von de jungen Kerls en Scheetdings hett, de söcht dat ut de Eck un ballert bi den Nahwer achter't Finster. De Jungs füert ut en Slötel, wo se en Lock infielt hebbt, so dat de Dokter noch en paar Fingern to flicken hett. Dat is denn en Bescherung up besonnere Art."

Weniger laut und weniger gefährlich als so ein „Scheetdings" war der Rummelpott, ein meist selbst hergestelltes Lärminstrument. Wie das angefertigt wurde, kann man in einer Hamburger Schullektüre der Nachkriegszeit lesen (Joachim Stave: Rummelpottlaufen in Blankenese): „Am nächsten Morgen ging er zu Schlachter Hölck ... Als der Schlachter die Schweinsblase auf den Ladentisch warf, war Christian froh über den geglückten Anfang, aber er ekelte sich doch davor, das glitschige kalte Ding in die Hand zu nehmen. Der Schlachter mochte es wohl merken und packte die Schweinsblase in ein Stück Pergamentpapier ein ... Christian und Herbert (gingen) nun heimlich daran, die Schweinsblase in einen brauchbaren Rummelpott zu verwandeln. Zunächst wurde sie mit Salzwasser gereinigt und tüchtig eingeweicht. Dann wurde in der Mitte ein glatter Holzstab eingebunden und geknotet und das Ganze wie ein Trommelfell auf einen Tonkrug aufgespannt. Indem die Schweinsblase trocknete, zog sie sich von selber stramm, und Christian war entzückt, als er zum erstenmal den Stab in die angefeuchtete Hand nahm, daran auf- und niederrutschte und den seltsam dumpfen Rummelton hervorrief."

Dazu sangen die Kinder das Lied vom Rummelpott. Hier die erste Strophe, an die sich viele weitere anschlossen, teilweise spontan selbst gedichtet:

„Rummel, rummel rooken,
giv min n Appelkooken,
loot mi nich to lange stohn,
denn ik mutt noch wieder gohn.
Een Hus wieder
wohnt de Snieder,
een Hus achter,
wohnt de Slachter,
een Hus wiederan,
wohnt de Wiehnachtsmann."

Weniger feinfühlig klingt die folgende Strophe:

„Hau de Katt den Steert af,
hau em nich so kort af,
laat n lütten Stummel staan,
dat he wedder wassen kann."

Dieses Brauchtum vermischte sich mit den Umzügen der „Kinjeeßen". Das waren verkleidete Kinder, die ihren Namen vom „Kind Jesus" hatten, aber ebenfalls Geschenke forderten und manchmal auch „rummelten".

Dass die Rummelpottläufer und „Kinjeeßen" am Weihnachtsabend umzogen, wurde in den Haushalten schon erwartet. Paul Rolle erinnerte sich, wie das im hamburgischen Landgebiet – in Volksdorf – vor sich ging: „Mit großer Spannung erwarteten Jung und Alt die Kinjeeßen in ihrer Verkleidung mit den Masken vor den Gesichtern und dem Rummelpott in den Händen. Gewöhnlich kamen sie zu dreien. Einer mit dem Rummelpott, einer mit einem Sack für die Gaben und einer sagte den Vers her ..."

Zur Belohnung erhielten die Kinder allerlei: „Die Groschen, Apfelkuchen, Würstchen, Pfeffernüsse und Kringel purzelten nur so. Richtig prall war der graue Beutel geworden, und die kleine Geldtasche war auch schon voll. Manchmal blieb der Segen aus. Dann hieß es: Witten Tweern, swatten Tweern, ohle Wieber geevt nich gern."

Aber auch viele Erwachsene feierten den Weihnachtsabend aus heutiger Sicht wenig weihnachtlich. Aus dem 16. Jahrhundert liegen Kirchenvisitationsprotokolle für das Hamburger Landgebiet vor. Darin wird geklagt, dass die Bauern „… de gantze hillige Christnacht mit wilden wösten, unordenungen, supen und füllereyen tobringen, daher am christage se zur kirchen nicht kommen oder unter der Predigt speien oder schlafen."

Erster, zweiter und sogar dritter Weihnachtstag

Zum Michel im Habit

Der 25. Dezember ist der eigentliche Weihnachtstag. Dann folgt der zweite Weihnachtstag, der Tag des Erzmärtyrers Stephanus. Im Mittelalter genossen die Menschen am 27. Dezember noch einen dritten Feiertag, der dem Apostel und Evangelisten Johannes gewidmet war. Der dritte Feiertag wurde später wegen „Ausartung" abgeschafft.

Für das hamburgische Bürgertum war der erste Weihnachtstag der Termin für den Kirchenbesuch. Wer auf sich hielt, besuchte die Gottesdienste der Hauptkirchen. Die mittelalterlichen Hauptkirchen waren St. Nikolai (Neustadt), St. Katharinen (Schifferkirche), St. Jacobi (Altstadt). Erst später kam St. Michaelis dazu (Fertigstellung 1661). Im Mittelalter standen dort noch Ziegeleien. Der Straßenname „Teilfeld" gleich „Ziegelfeld" in der Nähe des Michels erinnert daran.

Die Senatoren hatten die Pflicht, zum Gottesdienst zu erscheinen, empfanden diese Pflicht aber unangenehm, weil sie dazu ihre althergebrachte Tracht („Habit") anlegen mussten. Der Habit war vorgeschrieben für die Gottesdienste am ersten Weihnachtstag, Neujahrstag, während der Karwoche ab Palmsonntag, am ersten Oster- und ersten Pfingsttag und am Bußtag. Diese Ehrenbekleidung orientierte sich an der „spanischen Tracht" des 17. Jahrhunderts. Dazu gehörten u. a. ein Mühlsteinkragen, Kniehosen, Seidenstrümpfe und Lackschuhe. Der Hut zum Habit war angeblich so schwer, dass die Herren ihn nur in der Hand tragen konnten.

Auf diese Weise ausstaffiert froren die Senatoren bei winterlicher Kälte natürlich, besonders an den Füßen, zumal die Kirchen nicht beheizt waren. Einige drückten sich daher vor dem Gottesdienst, was in der Öffentlichkeit keinen guten Eindruck machte. 1866 beschloss der Rat endlich, und zwar schnell noch am 14. Dezember, dass die Senatoren an den wichtigsten Festtagen des Jahres Frack mit weißem Halstuch tragen durften.

Die ältere Amtstracht der Ratsherren wurde auf dem „Dom" veräppelt. Albert Borcherdt erzählte: Am Steinweg (heute „Alter Steinweg“) habe ein Händler in seiner Bude „Rosinenmänner“ angeboten, „… kleine aus Rosinen und getrockneten Pflaumen hergestellte Puppen, denen man einen Kragen von Papier um den Hals gebunden hatte, wodurch sie Hamburger Würdenträgern ähnlich sein sollten. Der verschämte Ausruf, der sein Bedauern aussprach, daß man den, einen Oberalten oder Senator darstellenden Rosinenmann für so geringes Geld anbot, lautete: So'n Mann mit'n Kragen – ich darf es kaum sagen – kost man een Schilling!“

Es gab Zeiten, zu denen Weihnachtsgottesdienste nicht möglich waren, so 1812 während der „Franzosenzeit". Marianne Prell notierte für ihre Kinder: „Stellt Euch die beklommene Stimmung an diesem Weihnachtsfeste vor! – An Kirchengehen mochten auch die wenigsten denken; nur die große Michaeliskirche war noch unentweiht geblieben. Die Jacobikirche war schon am 15. Dezember zum Pferdestall verlangt worden ... Am ersten Weihnachtstage ging es der Nikolai- und der Katharinenkirche auch nicht besser. Für die Nikolai-Gemeinde war nun in der Börsenhalle, für die Katharinen- in einem Eckhause am Steckelhörn und für die Jakobi- im Hause des Hauptpastoren gepredigt."

Im 19. Jahrhunderts war nicht nur die Arbeiterschicht, sondern auch das Bürgertum der Kirche vielfach entfremdet. Der kaiserliche Gesandte berichtete 1845 nach Wien: „Es herrscht in Hamburg kein tiefer kirchlicher Sinn, vielmehr im allgemeinen religiöse Flachheit, Flauheit und Gleichgültigkeit." Hamburg galt in dieser Zeit als „unkirchlichste" deutsche Stadt. Ob das auch für den Besuch der Weihnachtsgottesdienste zutraf, ist nicht dokumentiert.

Ascan Kleé Gobert erinnerte sich an den Weihnachtsgottesdienst in der St. Johanniskirche in Harvestehude zu seiner Kinderzeit, also vor dem Ersten Weltkrieg: „Elektrische Tannenbaumbeleuchtung war damals noch fast unbekannt, und so begann die Feier mit der Beobachtung des langsamen Anzündens der Kerzen an den haushohen Bäumen durch den Küster und mit der alljährlichen Spannung, ob er wie im Vorjahre eine oder gar zwei Kerzen vergessen würde." Erst ab etwa 1930 bot die Firma Osram ihre elektrischen Kerzen einem breiten Publikum an.

In einigen Hamburger Kirchen kann man noch heute alte weihnachtliche Darstellungen betrachten: in St. Katharinen das „Weihnachtsfenster" gegenüber dem Südportal, in St. Petri ebenfalls ein Fenster sowie das Kunstwerk „Madonna mit dem Kinde" im nördlichen Seitenschiff (aus dem 15. Jahrhundert). In der über 330 Jahre alten anglikanischen Kirche St. Thomas a Becket (am Zeughausmarkt) hängt eine Kopie der Sixtinischen Madonna. Das Glasfenster aus dem alten Dom mit der „Verkündigung an die Hirten" befindet sich jetzt in der katholischen Ludwigsluster Kirche, wie schon erwähnt.

Karpfen, Austern oder lieber Gans?

Karpfengerichte, die traditionellen Speisen für den Weihnachtsabend, kamen in einigen Familien auch noch am ersten Weihnachtstag auf den Tisch. In der Mehrheit der bürgerlichen Familien war am Weihnachtstag aber Schluss mit Fisch.

Nun wurde Fleisch verzehrt. Hamburg sei die Vaterstadt des Rauchfleisches, meinte Heinrich Heine. Geräuchertes, vor allem Schweineschinken, aßen besonders die Männer gern. Vielleicht sahen sie daher auch tatsächlich so aus, wie sie Heine porträtiert hat: „untersetzte Gestalten, verständige kalte Augen, kurze Stirn, nachlässig herabhängende rote Wangen, die Esswerkzeuge besonders ausgebildet ..."

Als Festessen am Weihnachtstag gab es im alten Hamburg aber Braten, vom Schwein, Rind oder vom Geflügel. Die gebratene Weihnachtsgans war schon im 19. Jahrhundert beliebt und ist es heute noch. Aus der zweiten Hälfte des 20. Jahrhunderts stammt ein Gedicht von Heinz Ehrhardt, aus dem ein Auszug folgt:

„Tiefgefroren in der Truhe
Liegt die Gans aus Dänemark.
Vorläufig lässt man in Ruhe
sie in ihrem weißen Sarg.
...
Na, sie wird bestimmt nicht alt hier
Morgen wird sie aufgetaut.
Hm, welch Duft zieht aus dem Herde,
durch die ganze Wohnung dann.
Mach, dass gut der Braten werde –
Morgen kommt der Weihnachtsmann."

Die Gans wurde ursprünglich zu Martini geschenkt und gegessen („Martinsgans"). Noch im Kaiserreich verschenkte man Gänse traditionell an Lehrer und Pastoren als eine Art Deputat. Davon berichtet beispielsweise Ehm Welk in seinen berühmten „Heiden aus Kummerow". Erst allmählich verlagerte sich das Gänsemahl auf Weihnachten.

Vor der Zeit der Lebensmittelaufsicht waren die Köchinnen oder Hausfrauen selbst darauf angewiesen, eine gute, gesunde Gans auszusuchen. Manchmal geriet die Gänseauswahl auch zum Familienausflug, wie Carl Reinhardt schilderte: Der Familienvater „... begibt sich mit der Familie unter die Ganshändler, wo er wie ein Pascha auf

dem Sklavenmarkt in Konstantinopel die Reihen der Opfer durchwandelt und von der kundigen Gattin prüfen lässt“. Als Weihnachtsgans in Frage kamen im alten Hamburg nur Tiere, die höchstens 18 Monate alt waren. Auf dem Markt wurden Brust, Haut und Füße sorgsam geprüft. Die Gänse mussten geschlachtet, gerupft und ausgenommen werden, was meistens erst in den Haushalten geschah. Anschließend wurden die Tiere von Erd- und Kotresten gereinigt. Dann erst konnten die Gänse gebraten werden. Auch das Braten war aufwendig, und nicht jeder Herd besaß eine ausreichend große Bratröhre. In der Stadt brachten die Leute ihre Gänse daher oft zum Bäcker.

Zubereitet wurden die Gänse gern so: Man rieb die nackten Tiere zunächst außen und innen mit Salz ein. Dann füllte man sie mit klein geschnittenen Äpfeln, auch mit Maronen, gab als Würze und zur besseren Bekömmlichkeit etwas Beifuß in den Leib und nähte die Gans zu. In den großen Gänsebräter kamen als weitere Würze mehrere Zwiebeln. Wer es sich leisten konnte, nahm auch noch Rosinen oder geriebenen Lebkuchen für die Füllung.

Das Hamburgische Kochbuch von 1798 empfahl folgendes Rezept:

„Die Gänse brate man am Spieße, dann setze man die Pflaumen mit Wein, Wasser, Zucker und Zimmet zum Feuer und lasse sie kochen, bis sie einem Sirup gleich werden. Nun gieße man die Pflaumen unten in die Schüssel und lege die Gans darauf. Zuweilen kocht man große halbe Äpfel mit Zucker und rotem Wein … und garniert damit." Das Rezept nennt keine Bratzeit – mit zwei Stunden musste man wohl mindestens rechnen. Wichtig ist die kräftige Sauce zum Braten, hergestellt aus dem Bratensatz und mit Mehl aufgekocht.

Noch heute wird beim Gänsemahl gern dekorativ die gesamte Gans serviert, gefüllt mit Äpfeln oder Pflaumen, umgeben von Kartoffeln. Oft tragen die Gänsekeulen manierliche Manschetten aus Papier, damit man sie mit der Hand essen kann. Dazu gibt es den überlieferten Kommentar von Geflügelhändlern, dass sie sich von den Züchtern eine Gans mit vier Keulen wünschten …

Als klassische Beilage zur Gans hat sich nicht nur in Hamburg Rotkohl bewährt. Während er heute gern etwas bissfest gedünstet wird, kochte man den geraspelten Kohl in früheren Zeiten mindestens eine Stunde lang, mit viel Butter und auch hier wieder mit etwas Mehl. Dann konnte man ihn fast als Brotaufstrich verwenden …

Auch der Rinderbraten zu Weihnachten wurde von langer Hand vorbereitet und begann ebenfalls mit dem Aussuchen des Tieres für den Winterbedarf. Emma Dina Hertz (1803–1891) hat beschrieben, wie ihre Großeltern, recht wohlhabende Kaufleute aus Altona, Ende des 18. Jahrhunderts ein Schlachtrind kauften: „Es kam die alte Kutsche vorgefahren und hinein setzten sich Mann, Frau und Kinder. Belegtes Butterbrot wurde mitgenommen, damit man derweil doch nicht Hunger litte. Hausvater und Kutscher zogen Schmierstiefel an bis über die Knie, denn das Terrain am Schulterblatt, wo der Ochsenmarkt stattfand, war nicht gepflastert, und in dem tiefen Kot, oft bei Regenwetter, mußte man zwischen den Bestien herumsteigen, um sich den Ochsen auszusuchen, den man erhandeln wollte. Die übrige Familie war so lange nach einer Schenke gegangen, einen Schluck Bier und das mitgebrachte Butterbrot zu sich zu nehmen. Nach langer Zeit war nun der Kauf zustande gebracht und das erhandelte Tier wurde vor die Schenke geführt, damit Frau und Kinder es bewundern könnten. Dann wurde wieder angespannt und die Familie nach Hause gefahren. Der Hausherr aber ging zu Fuß, wegen seiner mit Kot belegten Stiefel, und folgte dem Ochsen, welcher an einem Strick um die Hörner von einem Treiber nach Hause geführt wurde."

Nach dem Schlachten präsentierte der Hausherr stolz den toten Ochsen: „Wenn nun das Tier geschlachtet, wurde es auf der sauberen mit weißen Marmorfliesen gedeckten Diele an den Beinen aufgehangen und mit einer Guirlande verziert, die Pfoten wurden mit Manschetten von weißem geschnitzten Papier geschmückt, und am Abend wurde es den Nachbarn und Freunden bei heller Erleuchtung gezeigt. ... In dem Empfangszimmer stand Wein und Kuchen auf dem Tisch, die Gäste ließen sich behaglich nieder, stießen mit den Gläsern an auf den Wunsch, es möge der Ochse in guter Gesundheit von der Familie verzehrt werden."

Im 18. Jahrhundert waren also Hausschlachtungen noch verbreitet, ebenso übrigens wie die Haltung von Kleinvieh (bis hin zu Schweinen) in den Wohngebieten. Damals lebten etwa 130 000 Menschen in der Alt- und Neustadt auf engstem Raum, zusammen mit ihren Haustieren. Der Rat bemühte sich mehrfach erfolglos um eine Beschränkung der Viehhaltung, vor allem um den Zustand der Straßen zu verbessern. Denn mangels organisierter Müllabfuhr blieben Abfälle aller Art auf den Straßen liegen, darunter auch Tierkot und Tierkadaver. Schweine durchwühlten den Unrat auf der Suche nach Essbarem. Bei Frost bildeten sich aus den Abfällen ekelerregende Wälle. Wenn es taute, mussten die Hamburger Planken auf die Straßen legen oder eine Art Stelzen benutzen.

Nach so viel Unappetitlichem zurück zum weihnachtlichen Festessen. Dazu gehörte natürlich auch ein Nachtisch, zum Beispiel der schon von Joachim Maaß genannte Plumpudding – mit Fett aus Rindernieren – oder eine Zitronencreme. Gemeinsam war den historischen Desserts, dass sie recht viel Butter, Zucker und eine stattliche Zahl Eier enthielten.

Ein altes Rezept für Zitronencreme verlangte (wohl für acht Personen) acht Eier, 250 g Zucker, 40 g Gelatine, 1 Flasche Weißwein und die abgeriebene Schale von vier Zitronen. Die Creme sollte übrigens in ausgehöhlten Zitronenhälften serviert werden – das wäre auch heute eine originelle Idee.

Traditionell wird in Hamburg als Dessert gern Rote Grütze serviert. Aber zu Weihnachten, in der Zeit ohne frisches Beerenobst, wäre die Zubereitung schwierig gewesen, es sei denn, man hätte eingemachtes Kompott verwendet. Die Zitronencreme passte also jahreszeitlich bestens.

Nach kurzer Pause genossen die Hamburger dann Kaffee und Kuchen. Als Kuchen gab es Weihnachtsgebäck, bevorzugt Stollen. Irmela Fliedner erzählte: „Am ersten Weihnachtstag wurde für 11 bis 15 Personen der erste Stollen angeschnitten, probiert und das gelungene Werk gebührend gelobt."

Der holsteinische Freiherr von Rumohr, der sich mit der Kochkunst literarisch beschäftigt hatte, bemängelte im 19. Jahrhundert, dass im Norden Deutschlands statt eines feinen Kochstils eine barbarische Neigung zur Völlerei herrsche. Jacob Gallois, Hilfslehrer am Hamburger Johanneum, schloss sich ihm an und spitzte die Kritik noch zu: Der Esstisch sei das einzige Schlachtfeld, auf dem sich die Hamburger auszeichneten … „Der Hamburger liebt aber überhaupt

die wohlbesetzte Tafel", hieß es um 1830. „Erstaunen muß man oft über die Zahl der Schüsseln und Weine, worauf es denn mitunter wohl abgesehen war, denn der Schluß von einer wohlbesetzten Tafel auf den Reichtum des Bewirters und die häuslichen Tugenden seiner Ehehälfte ist für den Gast ... wohl ein natürlicher." In einem anderen Bericht heißt es: „Als Gast eines Hamburger Kaufmanns mußt du vor allem essen können. Du verläßt kaum morgens den Tee- und Kaffeetisch, so erwartet dich ein delikates Frühstück mit den trefflichsten Weinen; um 12 oder 1 steht wieder Tee für dich da, wogegen du die Mittagsmahlzeit erst um 3, oft auch um 4 Uhr einnimmst; nachmittags nach dem Kaffee wird Schinken, kalter Braten usw. aufgetischt, bis du abends um 9 oder 10 Uhr zur wohlbesetzten Abendtafel eilst."

Die schon erwähnte Hamburger Aalsuppe war offenbar kein Weihnachtsgericht; sie gehörte eher zum Alltag. Bei

Auswärtigen stieß sie auf Skepsis. Das meinte schon Johann Jacob Rambach im Jahr 1801. Er hielt ihre Zutaten für „abenteuerlich“:

„Sie besteht aus Haferschleim, Fleischbrühe oder auch nur Wasser, Petersilienwurzeln, gelben Wurzeln, grünen Erbsen, Birnen, zerschnittenem Aal, Mehlklößen, Salbei, Basilikum, Sellerie, Majoran, Thymian, Essig, Zucker und wohl gar noch gedörrten Pflaumen. Dies Gemenge ist für den Hamburger ein äußerst wohlschmeckendes Gericht ...“

Tatsächlich hat sich das deftige Essen, nicht nur zu Weihnachten, bis in das 20. Jahrhundert erhalten, also bis in eine Zeit, in der die Hamburger nicht mehr so viele Kalorien benötigten wie zuvor. Bis um 1900 ging ja die Mehrzahl der Menschen zu Fuß, auch weitere Wege. Viel Handarbeit war zu erledigen, und die Wohnungen waren oft nur unzureichend geheizt, sodass allein der physische Grundumsatz viele Nährstoffe benötigte. Eher skurril klingt, was der Arzt Rambach um 1800 vermutete, dass nämlich in Hamburg das nahe Meer den Appetit befördere und die feuchte Luft eine nahrhafte Kost nötig mache. Oder war das Ironie? Sicher ist dagegen, dass besonders bei Männern noch bis zur Zeit des „Wirtschaftswunders“ ein runder Bauch als Statussymbol fungierte. Er zeigte ja an, dass sich der Wohlgenährte ein gutes Essen leisten konnte.

Wohlgenährte waren im alten Hamburg eine Minderheit. Noch bis zum Ende des Kaiserreichs lebten die Armen in den Gängevierteln der Altstadt und Neustadt. 1893 äußerte sich der Reiseschriftsteller August Trinius (eigentlich Carl Freiherr von Küster, 1851–1919) entsetzt über die Elendsquartiere: „Nur selten trifft diese zusammengepferchten, düsteren, halbzerfallenen Menschenhöhlen ein Sonnenstrahl. In Dämmer und Dunst wächst hier die Jugend heran, in Enge und Armuth ... Kaum eine Stadt Europas, Neapel vielleicht ausgenommen, hat noch solch beklagenswerthe Wohnungsverhältnisse aufzuweisen, Brutstätten jeder Epidemie, als diese zwischen der Altstadt und Waterkant eingekeilten Gängeviertel der stolzen und reichen Hansastadt Hamburg."

Chinesische Äpfel direkt aus dem Hafen

Die Weihnachtsäpfel für die Hamburger kamen aus Deutschland, wahrscheinlich aus dem Alten Land, wo seit Jahrhunderten Obst angebaut wird. (Der Name „Altes

Land“ hat nichts mit dem Alter des Landes zu tun, sondern leitet sich von „Holland“ ab, weil dort im Mittelalter niederländische Kolonisten angesiedelt wurden.) Einen viel weiteren Weg legten Zitronen und Apfelsinen zurück, die sogenannten „Südfrüchte“. Daher waren Apfelsinen noch um die Mitte des 19. Jahrhunderts Luxuswaren. Später wurden sie preisgünstiger importiert, aber selbst vor rund 60 Jahren konnte man Apfelsinen nur im Winter kaufen.

Der Name „Apfelsine“ bedeutet „Apfel de China“. Aus Süd-China stammen die Apfelsinenbäume ursprünglich und wurden erst im 16. Jahrhundert von den Portugiesen nach Lissabon gebracht und dann im Mittelmeerraum gezüchtet. Auf die Rolle der Portugiesen verweist der italienische Ausdruck „portogallo“ für bestimmte Apfelsinen.

Im 17. Jahrhundert nannte der Wedeler Johann Rist die Apfelsine „süße Limonie“ oder auch „Güldenapfel“. „Limone“ war das italienische Wort für „Zitrone“, botanisch Citrus limonia. Die Plattdeutschen sprachen von „Appelsina“. Der Ausdruck „Orange“ für die süße Frucht stammt aus dem Arabisch-Persischen. Wie die Gewürze aus Übersee wirkten auch die kostbaren Südfrüchte geheimnisvoll und magisch, was wohl auf ihren intensiven Duft zurückzuführen ist. Jedenfalls sollten Zitronen angeblich böse Geister vertreiben.

Noch heute werden gern Düfte von Zitrusfrüchten mit denen von Gewürzen kombiniert, beispielsweise in weihnachtlichen Duftölen. Immer noch beliebt ist der alte Brauch, Orangen mit Nelken („Näglein“) zu bestecken, um im Weihnachtszimmer für angenehmen Geruch zu sorgen. Dabei handelte es sich bis in das 20. Jahrhundert um Luxus, denn Apfelsinen und auch Nelken waren teuer.

Die „Näglein“ sind auch bekannt aus dem Wiegenlied von Johannes Brahms: „Guten Abend, gut Nacht! Mit Rosen bedacht, mit Näglein besteckt, schlupf unter die Deck! Morgen früh, wenn Gott will, wirst du wieder geweckt!“ Die „Näglein“ hießen im ursprünglichen Text aus „Des Knaben Wunderhorn“ noch „Negelken“, was eher wie „Nelken“ klingt.

Im Winter kamen Apfelsinen aus Sizilien nach Hamburg, auf speziellen Segelschiffen, den „Fruchtjagern", die meistens in Blankenese stationiert waren. Um 1830 dauerte eine Fahrt 20 bis 30 Tage. Wie wohl die Früchte vor 150 Jahren schmeckten? Garantiert waren nach dem langen Transport nicht mehr alle frisch. Das galt besonders, wenn der Hamburger Hafen nicht per Schiff erreicht werden konnte, weil auf der Elbe Eisgang herrschte. Dann mussten die Apfelsinen auf dem Landweg weitertransportiert werden, auf Pferdewagen, mit viel Stroh isoliert. Aber es konnte noch schlimmer kommen, wie in folgender Geschichte: „Von einem anderen Segler wird berichtet, daß der Kapitän den Hamburger Hafen noch gerade erreichte, dann aber den Abtransport in offenen Schuten wegen des einsetzenden starken Frostes nicht wagen durfte. Aber wie sollten die frostempfindlichen Früchte geschützt werden? Ganz einfach: Das Deck wurde mit Pferdedung bepackt, der liegenblieb, bis die Luken geöffnet werden konnten – nach sechs Wochen!"

Viel früher als Apfelsinen wurden in Norddeutschland Zitronen gehandelt. Außerdem gelangten Bitterorangen (Pomeranzen, von „poma aurantium" = Goldapfel, auch zur Herstellung von Orangeat genutzt), Zedrat-Zitronen (aus der dicken Schale wird Zitronat oder Succade hergestellt), Mandarinen, Clementinen und Tangerinen in die Hansestadt. Die Pampelmuse ist übrigens die größte Zitrusfrucht, manchmal dicker als ein menschlicher Kopf. Sie heißt daher „Citrus maximus" und wird heute nicht mehr gehandelt. Als „Pampelmuse" bezeichnen Händler manchmal fälschlich die Grapefruit, die aus der Pampelmuse gezüchtet wurde.

Beliebt in der Adventszeit und zu Weihnachten waren auch Trockenfrüchte, die ebenfalls über den Hamburger Hafen importiert wurden. Datteln und Feigen konnten die Hamburger seit der Mitte des 19. Jahrhunderts in Delikatessenläden kaufen, mit Zucker konserviert und fein säuberlich in Papp- oder Spanholz-Behälter geschichtet, mit bunten orientalischen Abbildungen verziert. Ähnlich wurden auch Rosinen (Sultaninen) und Korinthen zum Kauf angeboten.

Auch Nüsse kamen per Schiff in die Hansestadt, jedenfalls Paranüsse (aus dem brasilianischen Bundesstaat Para), Kokosnüsse, Pistazien, Mandeln und teilweise auch Walnüsse. Macadamia- und Cashewnüsse dagegen gibt es erst seit dem ausgehenden 20. Jahrhundert bei uns zu kaufen. Die einzige in Norddeutschland einheimische Nuss ist die Haselnuss, die auch im Hamburger Raum wuchs und wächst. Der Name des Wohngebiets beziehungsweise der S-Bahn-Haltestelle „Hasselbrook" erinnert daran. Trotz des Wildvorkommens hierzulande werden bis heute die größeren südländischen Haselnüsse aus Italien („Römer") und der Türkei eingeführt. Ebenfalls aus dem Ausland bezogen, allerdings aus Spanien und Südfrankreich, wurden die Esskastanien bzw. Maronen. Maronihändler boten sie auf dem Hamburger Weihnachtsmarkt heiß vom Rost an, zum Beispiel schon im 17. Jahrhundert auf dem Hopfenmarkt. Im 20. Jahrhundert kamen die heißen Kastanien dann aus der „Maroni-Lokomotive".

Grog für die Herren, für die Damen Eierpunsch

Traditionen gab es nicht nur beim Essen, sondern auch beim Trinken. Heute ist Glühwein in der Adventszeit auf Weihnachtsmärkten beliebt – offenbar eine neuere Gewohnheit. Vor 150 Jahren griff man gern zu Hochprozentigem, insbesondere zu Grog. Das Rezept für Grog (Rum, Zucker und Wasser) stammt vom Ende des 18. Jahrhunderts. Erfunden hat die Mixtur der englische Admiral Vernon für seine Matrosen, als „Arznei" versetzt mit Zitronensaft gegen den gefürchteten Skorbut. Vernon wurde „Old Grog" genannt, weil er als Wetterschutz einen Mantel aus Kamelhaar (grogham) trug. Die „Arznei" war zu Anfang recht intensiv und wurde später verdünnt, weil zu viele Matrosen nach dem Genuss „groggy" waren …

Grog tranken die Hamburger angeblich zu allen Jahreszeiten. Eine Anekdote berichtet, dass ein alter Herr im Sommer auf der Horner Rennbahn (Hamburger Stadtteil Horn) heißen Grog zu sich nahm. Ein Bekannter fragte: „Aver Minsch, du sittst hier bi de Hitt und drinkst Grog? Wat drinkst du denn, wenn dat koolt is?" Die lakonische Antwort lautete: „Denn drink ik *veel* Grog!"

Die Damen genossen Ende des 19. Jahrhunderts lieber Eierpunsch. Das hört sich harmlos an, hatte es aber auch in sich und war noch kalorienreicher als Grog. Der eigentliche, englische Punsch wurde in der britischen Kolonie Indien entwickelt. Zum Punsch gehörten Arrak, Zucker, Tee, Zitronensaft und Wasser. Das waren also fünf Zutaten, und „fünf" heißt auf Sanskrit „pantscha". Damen tranken den Eierpunsch oder auch „Eierquirl" angeblich nicht zum Genuss, sondern zur Stärkung, also quasi als Medizin …

Der Eierpunsch wurde aus vielen Eigelben, Rum und Zucker hergestellt. Das ist das Grundrezept. Vielfach kam noch Milch oder Sahne hinzu. Später nahm man statt frischer Eigelbe oft Eierlikör. Das Getränk war also recht gehaltvoll, und die Kalorien schlugen an. Heinrich Heine fand die Hamburgerinnen daher „durchaus nicht mager, sondern meistens sogar korpulent …"

Überhaupt wurde im alten Hamburg viel Alkohol getrunken, auch hochprozentiger, vor allem Branntwein. Bier war Alltagsgetränk. Die vornehme Bevölkerung bevorzugte allerdings besonders bei Feierlichkeiten Wein, und zwar Rotwein. War die Neigung zum Trinken durch die geografische Lage bedingt? August Trinius meinte: „Hamburger Luft zehrt, und der vorübergleitende Strom läßt das bedeutsame Wort des alten Heraklit: Alles fließt! immer wieder in Erinnerung kommen. Es bechert sich gut an der Waterkant!"

Alkoholfreie Getränke waren Kaffee und Tee, wobei die feinere Gesellschaft den Tee bevorzugte. Echter Bohnenkaffee blieb den Wohlhabenden vorbehalten. Ärmere mussten sich mit Ersatzkaffee behelfen oder den Bohnenkaffee dünn aufbrühen: „Zu der dünnen Kaffeebrühe wird eine ebenso klägliche Milch gegossen und diese liebliche Mischung mit Sirup und dem gröbsten Zuckerkand versüßt. Häufig wird er mit gebrannten Erbsen, Roggen, Kartoffeln oder Zichorien vermengt." Im Zitat heißt die Milch „kläglich", weil Minderbemittelte sich nur billige, oft mit Wasser gepanschte Milch leisten konnten. Die Verfälschung von Lebensmitteln war noch Ende des 19. Jahrhunderts weit verbreitet. So wurde beispielsweise Mehl durch Gips oder Kreide „gestreckt" oder Butter mit Margarine „angereichert".

Weihnachtlicher Aberglaube

Um Weihnachten und speziell den Weihnachtsabend rankte sich vielfältiger Aberglauben. Recht harmlos erscheint die Empfehlung, sich vom Weihnachtskarpfen eine Schuppe aufzubewahren und in den Geldbeutel zu stecken. So soll dauerhaft für ausreichende Finanzen gesorgt sein.

Aufheben sollte man auch das letzte Stück vom Abendbrot am Weihnachtsabend. Die Brösel des mittlerweile trockenen Stückes vermischte man mit der Getreidesaat im nächsten Jahr. Das war also eine Art Fruchtbarkeitszauber.

Noch heute wird der Genuss von Äpfeln als gesundheitsfördernd empfohlen. Wer aber am Weihnachtsabend einen Schmuck-Apfel vom Weihnachtsbaum aß, schützte nicht nur seine Gesundheit, sondern war angeblich auch gegen Unglück gefeit. Dafür sorgte der Weihnachtsbaum als Baum des Lebens. Die Kerne des Weihnachtsapfels wurden aufgehoben und eingepflanzt.

Der Weihnachtsapfel diente auch als Orakel. Wenn man ihn durchschnitt und dabei keine Kerne verletzte, hatte man für das kommende Jahr gute Aussichten. Günstig auf die Zukunft wirkte es sich auch aus, wenn man den Apfel vollständig schälte und der abgeschälte Schalenstreifen nicht riss.

Für Abergläubische gab es noch im frühen 20. Jahrhundert eine Reihe von Verhaltensregeln. So durfte kein Besucher weggehen, ohne etwas gegessen zu haben. Sonst würde er die Weihnacht aus dem Haus tragen. Mit drohendem

Unglück oder gar Tod hatte auch folgende Regel zu tun: Weihnachtssträuße mussten eine gerade Anzahl von Blumen enthalten – sonst wurde das Unglück herausgefordert. Ebenso sollte den Weihnachtsbaum eine gerade Zahl von Kerzen schmücken – sonst würde im folgenden Jahr jemand sterben. Noch schlimmeres Unglück traf ein, wenn der Weihnachtsbaum umfiel. Besonders gefährlich war ein schwarzer Kern, der sich beim Nüsseknacken zeigte. Er deutete auf einen baldigen Todesfall hin. Wäschewaschen forderte ebenfalls den Tod heraus und war zu unterlassen.

Eine Reihe von Regeln bezog sich auf die Viehhaltung und spielte vor allem im Hamburger Landgebiet eine Rolle: Dem Vieh sollte man etwas vom Weihnachtsessen unter das Futter mischen. Das sorgte für gutes Gedeihen. Andererseits war es geboten, aus den Futterkrippen das Futter zu entfernen. Sonst hätte das Vieh mit seinen Fressgeräuschen Hexen angelockt. Bizarr erscheint folgende Empfehlung: Das Stroh für die Strohbinden, mit denen man Obstbäume gegen Raupen schützte, sollte in der weihnachtlichen Erbsensuppe ziehen ... Und auch dieser Brauch erstaunt: Um einen guten Ertrag bei der Obsternte zu erzielen, nahm man das Stroh, auf dem die frisch gestopften Würste nach dem Schlachten gelegen hatten, fertigte daraus Seile und schlang sie um die Obstbäume.

Besonders beliebt war immer der Blick in die Zukunft, seien es nun der gefürchtete Tod, die ersehnte Hochzeit oder die ertragreiche Ernte. Wie die Ernte ausfallen würde, ließ sich ganz einfach voraussagen: Man zog drei Halme aus dem Strohdach. Die Länge der Halme zeigte dann an, wie das Korn wachsen würde. Das funktionierte natürlich nur im hamburgischen Landgebiet, wo die Dächer noch mit Roggenstroh gedeckt waren.

Zwischen den Jahren

Die verhängnisvollen Twölften

„Zwischen den Jahren" sagt man zu der Zeit zwischen Weihnachten und Neujahr. Merkwürdig, denn es geht es doch nicht um Jahre, sondern um Tage ... Der Begriff hat eine lange Geschichte und erinnert daran, dass die Kirche im Mittelalter nacheinander verschiedene Kalendertermine für Weihnachten und den Jahresbeginn festsetzte. Vom Weihnachtstag, dem 25. Dezember, bis zum 6. Januar, dem Dreikönigstag, sind es genau zwölf Tage, sechs Tage im alten Jahr und sechs im neuen. Diese Tage hießen „die Zwölften" und waren ein Bindeglied zwischen den Jahren. Die Zahl „zwölf" gilt als heilige Zahl. Sie besteht aus Drei mal Vier. Drei steht für den dreieinigen Gott, vier für die Schöpfung. Es handelt sich also nicht um vorchristliche, heidnische Vorstellungen, sondern um christliches Volksbrauchtum, das sich um das Weihnachtsfest rankte. Wie auch zu Weihnachten lagen Glaube und Aberglaube dicht beieinander.

Die Zwölften oder plattdeutsch „Twölften" waren eine geheimnisvolle, magische Zeit, für Abergläubische eine gefährliche, tatsächlich ja auch die dunkelste Zeit im ganzen Jahr: „De Twölften sind so recht en Spökeltied." In den sogenannten Raunächten lauerte die Macht der Finsternis. „Rau" heißen die Nächte nicht, weil sie kalt und ungemütlich sind, sondern weil in alten Zeiten die Häuser geräuchert wurden, um böse Geister zu vertreiben. Angeblich ging der „wilde Jäger" um. Dieser Jäger war der alte Heidengott Wotan. Gegen den Jäger und sein Gefolge versuchten sich die Menschen mit Masken und Lärm zu schützen. „Lärm" bedeutete auch Schießen mit Pistolen, Flinten und sogar Kanonen. Schon im Mittelalter artete das Schießen in Hamburg zu dieser Zeit aus. Der Rat erließ bis in das 19. Jahrhundert immer wieder Verordnungen dagegen, wie schon berichtet.

Noch heute berufen sich Hamburger(innen) darauf, dass man – wie zu Weihnachten – zwischen den Jahren keine Wäsche waschen dürfe. Dahinter steckt der uralte Glaube, dass weiße Wäsche auf der Leine an Totenhemden erin-

nere. So ist aus den Vierlanden folgende Redensart überliefert: „De in de Twölften de Lien bespreet (behängt), mutt in t'nee Johr en Dooden kleeden.“ Für die abergläubischen Hausfrauen hatte die Wäschepause immerhin den Vorteil, dass sie sich zwischen Weihnachten und Neujahr die Hausarbeit erleichtern konnten. Jedenfalls ist es bemerkenswert, dass sich der Brauch bis in das 21. Jahrhundert gehalten hat, auch wenn die meisten Menschen den Hintergrund nicht mehr kennen.

Andere Arbeiten wurden in alten Zeiten zwischen Weihnachten und Neujahr ebenso unterlassen: das Dreschen, das Nähen oder das Spinnen, alles, was „rundging". Die Zwölften waren damit also eine Zeit der Muße und des Vergnügens. Sie galten auch als eine gesegnete Zeit, die den Blick in die Zukunft erlaubte. Unsere Vorfahren lebten in unsicheren Zeiten und verstanden naturwissenschaftliche Zusammenhänge nicht. Besonders beliebt waren Vorhersagen, die sich auf das Wetter des nächsten Jahres bezogen – und damit auf die nächste Ernte.

Wenn die Elbe „steht"

Früher gab es noch richtige Winter, oder? Tatsächlich war es in Norddeutschland zwischen etwa 1600 und 1800 deutlich kühler als heute. Man spricht auch von der „kleinen Eiszeit". Im Winter fror die Alster zu, und manchmal auch die Elbe. 1695 war die Elbe 14 Wochen lang vereist, bis in den März. 1829 „stand" die Elbe über hundert Tage. Berend Goos notierte: „Ein so anhaltendes Frostwetter wie im Jahre 1829 habe ich seitdem nicht wieder erlebt. Das Eis in der Elbe, über welches die schwersten Frachtfuhren transportiert wurden, stand gerade 100 Tage, also über ein Vierteljahr, und als es dann endlich unter donnerähnlichem Getöse zum Bruch kam, zog dies freudige Ereignis unzählige Zuschauer herbei."

Im Winter 1838/39 erreichte die Eisdecke auf dem Fluss angeblich 20 Fuß – das wären sechs Meter, wenn man einen Fuß mit 30 cm ansetzt! Damals zerriss ein Orkan das Eis auf der Elbe, schob die Eisdecke gegen die Ufer, klemmte ein großes Segelschiff ein und zerstörte viele kleine Fahrzeuge. Die Elbinsel Grasbrook wurde von den Eistrümmern fast vollständig bedeckt. Noch 1870/71 musste die Schifffahrt auf der Elbe 53 Tage lang ruhen.

Matthias Claudius berichtete 1798 in einem Brief an seine Frau Rebecca: „Die Kälte ist entsetzlich und der Schnee

halb Manns hoch. In den Baracken auf dem Hamburger Berge sollen 19 Menschen erfroren sein.“ Der Hamburger Berg liegt heute im Stadtteil St. Pauli. Zu Claudius’ Zeiten war St. Pauli noch eine Vorstadt und nicht eingemeindet.

Ein besonders eisiges Weihnachtsfest bescherte ausgerechnet der Winter 1812/13, als Hamburg unter französischer Besatzung litt und bereits rechtlich in das napoleonische Reich eingegliedert war. Der Winter hatte früh eingesetzt. Zu Weihnachten herrschten Temperaturen von minus zehn Grad, wie schon berichtet. Die Franzosen wollten die Befestigung rings um Hamburg ausbauen, weil ihre Gegner, vor allem die verbündeten Preußen und Russen, zur Befreiung der Stadt ansetzten. Mithilfe von Elbwasser erhielten die Palisaden einen festen weißen Panzer – Hamburg wurde zur Eisfestung.

Bald danach endete das frostige Elbvergnügen, nicht weil die Winter wärmer wurden, sondern weil mehr Dampfschiffe die Elbe befuhren und der Strom so offen gehalten wurde.

Die Elbe „steht“, sagten die Hamburger in den Eiswintern. Carl Reinhardt beschrieb, wie der harte Winter 1841/42 einsetzte: „Der Dezember war mit kalten Winden gekommen ... Der Wind setzte sich bald nach Osten um und blies so kalt, dass dünne Eisblättchen auf der Elbe zu treiben begannen. Der Winter war da! Im Hafen wurde jetzt mit einer Hast aus- und eingeladen, dass man glauben konnte, die Leute wollten sich warm arbeiten. Man fürchtete das Einfrieren und wollte mit den Schiffen, die noch in See gehen mussten, aus der Elbe kommen. Die Kälte nahm bald so überhand, dass mit der Ebbe und Flut junges Eis auf und ab trieb, das die Ränder knirschend aneinander rieb und sich an den Schiffen und Pfählen wie Glas brach, weshalb die aufkommenden Fahrzeuge ihren Bug mit starken Brettern benagelten, denn dies junge Eis schnitt wie Messer in die Planken.“ Die Temperatur fiel schnell: „Der Frost arbeitete die Nacht grimmig fort und kittete richtig die Decke auf dem Strom fest. Am Rande so stark, dass die Schutenfahrt aufhörte. Im Strom kam das Eis jedoch bald wieder ins Treiben, weil es einige große Dampfer durchbrachen, die sich den Weg nach der See erzwangen.“

Der erste Eisbrecher auf der Elbe, vollständig aus Stahl gebaut, nahm erst 1871 seinen Dienst auf. Den Bau hatte Adolph Godeffroy vorangetrieben, der Direktor der Hamburg-Amerika-Linie.

Die dicke Eisdecke in den Eiswintern behinderte nicht nur die Fluss- und Seeschifffahrt. Auch die Bauern des südlichen Landgebietes hatten darunter zu leiden, die auf kleinen Kähnen Gemüse und Milch in die Stadt transportierten. Die „Milchleute“ kamen aus Wilhelmsburg oder von anderen Elbinseln und waren mit den winterlichen Problemen vertraut. Solange das Eis noch nicht durchgehend fest war, benutzten sie als „Eiskähne“ flache Fahrzeuge mit seitlichen Kufen. Die Fahrt damit war abenteuerlich, wie Carl Reinhardt ausmalte: „So erschienen sie auch heute in ihren Eiskähnen, flachen, leichten Fahrzeugen mit einer Art Kufen an den Seiten. In der Mitte lagen rote Fässer, denn rot müssen alle Gefäße bei den Milchleu-

ten sein, wie die Jacken blau. In einem offenen Stück Wasser daherrudernd, fuhren sie direkt auf eine Eisscholle los. Kaum berührte der Kahn sie mit der Spitze, so sprangen ein paar Mann auf die Scholle und zogen ihn hinauf, worauf die andere Mannschaft hüben und drüben heraussprang und das Fahrzeug an beiden Seiten packend über das Eis schleppte, bis wieder Wasser kam, wo alle in den Kahn sprangen und hindurchruderten, um ihn bei der nächsten Scholle abermals als Schlitten zu gebrauchen."

Lange konnten die Milchbauern auf diese Weise aber nicht mehr über die Elbe kommen: „Der Winter trat indes entschieden auf. Er überspannte den Strom mit einer Decke, die den Dampfern trotzte. Sie waren im Hafen gefangen. Die Milchleute kamen jetzt nicht mehr in Eiskähnen, sondern schoben die Milch gemütlich in Schlitten vor sich her."

Während der Winter für die Arbeiter, Bauern, Handwerker und Schiffer eben nicht gemütlich war, sondern die beschwerlichste Jahreszeit darstellte, konnten gut situierte

Bürger und Intellektuelle den Winter genießen. So besang der Barockdichter Barthold Hinrich Brockes (1680–1747) die malerische Seite des Winters. Brockes, weit über Hamburg hinaus bekannt, fungierte als Ratsherr und war zuständig für die Verwaltung der Hamburger Exklave Ritzebüttel an der Nordsee. Er residierte im mittelalterlichen Schloss in Ritzebüttel. Die ehemalige Burg wurde wenige Jahrzehnte nach dem Turm auf Neuwerk gebaut. Der Turm ist heute der älteste Profanbau in Hamburg; Ritzebüttel dagegen gehört nicht mehr zum Stadtstaat.

Brockes war einer der Männer, die den Literaturzirkel „Teutschübende Gesellschaft" gründeten, wohl auch als Gegenpart zum Elbschwanenorden von Rist. Die erste Strophe seines Gedichtes „Die gefrornen Fenster" aus dem Jahr 1721 lautet:

„In Häusern findet man, zur Winterszeit,
Solch eine wunderbar formierte Zierlichkeit.
Die keiner tüchtig zu beschreiben,
Wenn die gefrornen Fensterscheiben,
Von tausend zierlichen und schönen Kreaturen
Uns tausend zierliche Figuren,
In solcher zarten Nettigkeit,
In solcher lieblichen Vollkommenheit,
Die doch in dunkler Nacht gezeuget, früh uns zeigen."

Noch bis in das ausgehende 20. Jahrhundert vergnügten sich die Kinder damit, die Eisblumen auf den Fenstern nachzuzeichnen oder Löcher in die hauchdünne Eisschicht zu bohren. Seit fast überall Isolierfenster eingebaut worden sind, müssen die Kleinen auf dieses Vergnügen verzichten. Wahrscheinlich kennen heutige Kinder den Begriff „Eisblumen" gar nicht mehr.

Von Matthias Claudius sind zwei Wintergedichte überliefert. In dem einen feiert er die Verzauberung der Natur durch den Reif. Die erste Strophe lautet: „Seht meine lieben Bäume an, Wie sie so herrlich stehn, Auf allen Zweigen angetan, Mit Reifen wunderschön!" (Mit „Reifen" meinte Claudius den frostigen Reif.) Bekannter ist sein „Lied, hinterm Ofen zu singen". Ein Ausschnitt:

„Der Winter ist ein rechter Mann
Kernfest und auf die Dauer;
Sein Fleisch fühlt sich wie Eisen an,
Und scheut nicht süß noch sauer.
...
Doch wenn die Füchse bellen sehr,
Wenn's Holz im Ofen knittert,
Und um den Ofen Knecht und Herr
Die Hände reibt und zittert;

Wenn Stein und Bein vor Frost zerbricht,
Und Teich und Seen krachen;
Das klingt ihm gut, das haßt er nicht,
Denn will er tot sich lachen."

Im 19. Jahrhundert schrieb der Jurist und Diplomat Johann Rist (1775–1847, nicht zu verwechseln mit dem Barockdichter aus dem 17. Jahrhundert!) aus dem heutigen Stadtteil Niendorf sein Gedicht „Bei herangekommener Winterzeit". Die ersten drei Strophen lauten:

„Der Winter hat sich angefangen,
Der Schnee bedeckt das ganze Land,
Der Sommer ist hinweggegangen,
Der Tau hat sich in Reif verwandt.

Die Wiesen sind von Frost versehret,
Die Felder glänzen wie Metall,
Die Blumen sind in Eis verkehret,
Die Flüsse stehn wie harter Stahl.

Wohlan, wir wollen von uns jagen
Durch Feu'r das kalte Winterkleid.
Kommt, laßt uns Holz zum Herde tragen
Und Kohlen dran, jetzt ist es Zeit."

Heinrich Heine hat kein Weihnachtsgedicht geschrieben, aber immerhin ein Wintergedicht. Die erste Strophe von „Altes Kaminstück“ lautet:

„Draußen ziehen weiße Flocken
Durch die Nacht, der Sturm ist laut;
Hier im Stübchen ist es trocken,
Warm und einsam, stillvertraut.“

Dies hört sich gemütlich-häuslich an. Die Hamburger suchten aber auch das Vergnügen draußen. Ein Bericht vom Beginn des 19. Jahrhunderts über das bunte Treiben auf der zugefrorenen Elbe lautet: „Tanzzelte, reich beflaggt, erfreuten sich eines ebenso starken Besuches wie die Schenkhütten mit ihren erwärmenden Getränken, Eierbier, Punsch, Grog und Petum (Ingwerbier). Buden mit heißer Wurst waren in reicher Zahl vorhanden. Manchen mochte das zugelassene Roulettespiel anziehen. Hausierer mit ... Zigarros , Spazierstöcken, Kalendern, Brillen u. a. m. suchten unter lautem Anpreisen ihrer Waren ein paar Schilling zu verdienen.“

Wie „lustig“ es auf der zugefrorenen Elbe um 1840 zuging, beschrieb Carl Reinhardt: „An Stellen, wo sich das Eis besonders glatt zeigte, waren große Glitschen entstanden, auf denen Alte und Junge in langen Reihen dahinglitten, die sich von hinten ohne Ende ergänzten. War die Reihe einmal in Schuß und ein Ungeschickter fiel nieder, so purzelten alle Nachkommenden über ihn weg, wie die Wagen eines verunglückten Eisenbahnzuges."

Dagegen löste der Anblick des verschneiten Hamburg bei Heinrich Heine melancholische Gefühle aus: „Und die Stadt selbst, wie war sie verändert! Und der Jungfernsteg! Der Schnee lag auf den Dächern und es schien als hätten sogar die Häuser gealtert und weiße Haare bekommen. Die Linden des Jungfernstegs waren nur tote Bäume mit dürren Ästen, die sich gespenstisch im kalten Winde bewegten. Der Himmel war schneidend blau und dunkelte hastig." Heine, der sich sonst eher für die Damenwelt interessierte, bemitleidete die berühmten Alsterschwäne in der zugefrorenen Binnenalster. Er vernahm dort unheimliche, gequälte Töne: „Es waren heisere, schnarrende, metallose Töne, ein unsinniges Kreischen, ein ängstliches Plätschern und verzweifeltes Schlürfen, ein Keichen und Schollern, ein Stöhnen und Ächzen, ein unbeschreibbar eiskalter Schmerzlaut. Das Bassin der Alster war zugefroren, nur nahe am Ufer war ein großes breites Viereck in der Eisdecke ausgehauen, und die entsetzlichen Töne, die ich eben vernommen, kamen aus den Kehlen der armen weißen Geschöpfe, die darin herumschwammen und in entsetzlicher Todesangst schrien ..."

Bis 1842 mussten die Alsterschwäne nämlich in der Binnenalster überwintern. Danach kamen sie in die Bucht

„Schwanenwik“ am Südostrand der Außenalster, in der Nähe des jetzigen Hotels Atlantic. Seit 1955 transportiert sie der „Schwanenvater“ jedes Jahr in ihr komfortables Winterquartier im Eppendorfer Mühlenteich. Der Umzug dorthin und zurück erweckt im Herbst und Frühjahr viel Aufmerksamkeit. Gehegt wurden die Schwäne schon viel länger, mindestens seit dem 17. Jahrhundert. 1664 verbot der Rat, die Alsterschwäne zu schießen oder auch nur zu „beleidigen“.

Auch andere Tiere konnten besichtigt werden: Zur Weihnachts- und Neujahrszeit war der Zoologische Garten Ende des 19. Jahrhunderts selbst bei Schnee und Eis ein Ausflugsziel für die Hamburger. Das war nicht der Tierpark „Hagenbeck“ in Stellingen (1907 eröffnet), sondern der „alte“ Zoo lag am Dammtor: „Er bietet Tiere aller Gattung, Militärkonzerte und abendliche Feuerwerke.“ Der Zoo existierte von 1863 bis 1930. Einige Tiere ließen sich im Freien bewundern, wie ein zeitgenössischer Bericht belegt: „Das zweihöckerige Kamel, in seiner Heimat, Innerasien, die furchtbaren Schneestürme der Steppen gewohnt, hat sich rechtzeitig einen warmen Pelz angeschafft; unser

Luchs scheint an der strengen Kälte ein besonderes Behagen zu haben, er weicht nicht vom hohen Sitz auf seinem Kletterbaum, er kennt weder Schnupfen noch Gliederreißen. Auch auf Wildkatze und Dachs und Wolf macht der Winter keinen Eindruck; und daß die Bären sich durch ihn nicht stören lassen, wundert uns nicht. Ihre Käfige sind von Schnee und Eis völlig vergletschert; der Eisbär würde sich ohne Zweifel noch viel wohler fühlen, wenn ihm bei dem strengen Frost das erfrischende und reinigende Bad nicht versagt wäre."

Anders als bei Heine weckte der Schnee bei den meisten Dichtern eher Begeisterung. Noch um 1890 komponierte Wilhelm Koehler-Wümbach, der Kantor an der St. Petri-Kirche, ein Lied mit folgenden Versen eines anonymen Autors:

„Juchhe! Juchhe! Juchhe!
Willkommen mein Herr Schnee!
In seinen weißen Gleisen
Fährt glatt man wie auf Eisen
Und treibt sein lustig Spiel
Und schlittet flugs zum Ziel –,
und schlittet flugs zum Ziel.

Juchhe! Juchhe! Juchhe!
Versteht auch Spaß, Herr Schnee!
Hält's gerne mit Gesellen,
die werfen sich mit Bällen,
wirft selbst mit drauf und dran –
er ist schon unser Mann,
er ist schon unser Mann!

Juchhe! Juchhe! Juchhe!
Er doktert brav, Herr Schnee!
Er machet auf Verlangen
Uns frische rote Wangen,
auch schmeckt sein Mittel gut,
drum leb' Er wohlgemut,
drum leb' Er wohlgemut!"

Im 20. Jahrhundert war der Schnee in Hamburg dann nicht mehr so beliebt. Er störte den modernen Verkehr. Arnold Risch fand für den Hamburger Winter drastische Reime:

„Wat süllt wi blos mit all den Snee
in Hamburg op de Stroot!
Ik bruk em nich, du brukst em nich,
un nich mol de Senot!
For Wintersport hebbt wi keen Platz
an Alster, Elv un Bill!
In Hamborgs Strooten liggt de Snee
as Kattenschiet mit Dill!“

Manchmal war es zu Weihnachten aber auch milde, für manche Hamburger zu milde. Dann herrschte „Schietwetter“ oder „Schlackerwetter“. Garlieb Merkel zog nach einem Hamburg-Besuch folgende Bilanz: „Eine widerlichere Stadt ... können Sie sich nicht denken. Wohin man blickt, sieht man Gegenstände, die zum dumpfen Mißmute stimmen. Die ganze Stadt scheint ein geweihter Tempel der schlaffen Langeweile. Eine dichte Dunstmasse hängt über ihr und stürzt bald in Regengüssen, bald in ungeheuren Schneelasten herab: Die ganze Atmosphäre ist Sumpf, und man sagt mir, daß sie es um diese Jahreszeit hier zuweilen ganze Monate bleibe.“

Rüschen mit der Kreek

Im winterlichen alten Hamburg wurde nicht nur geschlittert, sondern auch Schlitten gefahren, mit kleinen Rodelgeräten und großen Pferdeschlitten. Der Dichter Thomas von Wiering empfahl schon im Jahr 1516 eine Pferdeschlittenfahrt von Hamburg nach Harburg:

„Denen, so anjetzt bei Paaren,
Hier und dort im Schlitten fahren;
Die bei dieser Winters-Zeit

Pur aus Lust und zum Vergnügen
Sich nach Harburg hinverfügen,
Wünsch ich ein recht warmes Kleid;
Einen Fuhrmann, der gelitten
Ein gut Pferd und guten Schlitten,
Eine sehr vergnügte Reise,
Warmen Brühan, leckre Speise,
Wein und guten Branntewein;
Sauer-Kraut und garen Schinken,
Mettwurst, ein darauf zu trinken,
Kringel, so da groß und klein.
Einen Rückweg, der beglücket,
Sich wie alles andre schicket;
Dies sey so, und stünd es frei
Wünscht ich dich und mich dabei."

Im 17. Jahrhundert hieß es über die Hamburger „Winter-Lust": „Auf der Elbe fähret man in Schlitten, deren theils wie die bekanndten Stühl-Wagen erbauet und beleget sind, daß 6 biß 8 Personen drauff füglich sitzen mögen. Ein solcher Wagen wird von einem Pferd gezogen, welches, wann der Schlitten 2, 3 oder mehr hinter oder neben einander auf dem Eyse fahren, mit seines gleichen umb die Wett lauffen, sonsten aber durchgehends einen starken Trab zu treten pflеget, daß man jede drey Viertel-Stunde eine gute Meilwegs hinter sich legen mag."

Wer die nötigen Finanzmittel besaß, benutzte einen kostbar verzierten Schlitten, z. B. einen russischen, wie 1687 berichtet wurde: „Curieuse, Reiche und führnehme Leute ... bedienen sich vielfältig der Russischen Schlitten ... Es können aber 2 Persohnen darinnen sitzen, welche sich gemeiniglich mit einem weissen oder schwartzen Bärenfell und darüber mit einer scharlachen, blauen, violetten Lackenen, auch wohl Sammeten, mit Gold und Silber bordierten oder ungestickten Decken bedecken." Das Pferd „... ist gleichfalls mit einer köstlichen Decken und am Halse mit einer andern kleinen Decke behangen, woran wohl 1 biß 200 hell-klingende Schellen, theils von gutem Meßing, etliche auch wol von klarem Silber gehefftet sind, welche, wann das Pferd daher trabet, ein fürtrefliches Geräusch und Geläute von sich geben, über dem ist das Pferd auf dem Schweiff und Kopf mit großen Feder-Puschen von allerhand annehmlichen sehr schönen Farben ausgeputzet." Die Passagiere präsentierten sich in eleganter Kleidung, passend zu ihren Luxusfahrzeugen: „Die Kleidung, Stoff und Garniture, so wohl am Frauenzimmer als an den Manns-Persohnen, kombt gemeiniglich mit der Ausstaffierung des Schlittens überein ..."

Auf der Elbe konnte man eine große Vielfalt der Schlitten beobachten, beispielsweise die sogenannten „Fleuhjäger", bei denen der Kutscher hinten auf den Kufen stand, oder elegante Schlitten in Form einer „Punschbowle". Auf dem Eis waren aber nicht nur Wohlhabende unterwegs. Bauern der Elbinseln veranstalteten dort Wettrennen. „Dann dröhnte die Eisdecke unter den Hufen der Pferde, und die Spaziergänger mußten aufpassen, daß ihnen keine Splitter ins Gesicht flogen."

Wichtiger als das eigentliche Schlittenfahren, das „Rüschen" (wohl von „rauschen"), war der Rummel auf der Elbe, eine Art „Dom" mit Buden, die Essen und Trinken anboten, vor allem wärmende Getränke, natürlich alkoholisch. Schon im 18. Jahrhundert fuhren die Schlitten „... wohin man begehret, allenthalben findet man die Mahlzeit, den glüenden Wein, einen Tranck Seck, Spanischen Wein und was man verlangen mag". In diesem zeitgenössischen Bericht hieß es allerdings zum Schluss lakonisch: „Dieser Lust kann sich jeder, der Geld herschiessen will, bedienen." Tatsächlich konnte das aber nicht jeder, sondern diese Schlittenfahrten waren ein äußerst exklusives Vergnügen und dienten auch der Selbstdarstellung. Offenbar ruinierten sich manche Bürger sogar fast dafür. Pastor Peter Hessel, der am Pesthof tätig war, kritisierte 1675 den Aufwand für die Schlittentouren: „Daselbst werden viel Hundert Thaler verzehret, davon die Armen und nothleidenden Menschen nichts bekommen."

Warme Getränke und Gerichte wurden bei Temperaturen deutlich unter null Grad stark nachgefragt, aber es war ziemlich aufwendig, auf der Eisfläche eine Bude mit Ofen aufzustellen, wie Carl Reinhardt für 1841 schilderte: „Auf der festen Eisdecke zeigten sich Leute, die Löcher hineinbohrten und Stangen darin befestigten, aus denen sie ein Gerüst bauten, um es mit Segeln, wohl auch mit Säcken, zu überhängen. Dann betrachteten sie wohlgefällig ihr Bauwerk und gaben es für ein Zelt aus, in das sie tags darauf irgendeinen alten Ofen schleppten. Sein Los teilte ein alter Teekessel, dem man, ganz rücksichtslos gegen seine Natur, kalte Eisstücke in den Leib stopfte und dann Feuer machte, um ihn zum Grog- oder Kaffeedienst zu zwingen. Dann entstanden solidere Buden mit wirklichen Türen und Fenstern, bis endlich sogar auch ein Tanzsaal aufgeschlagen wurde."

Fast alle Buden wurden aufwendig mit Fahnen verziert, wie zeitgenössische Lithografien zeigen. Fahnen waren bis zum Ende des Kaiserreichs auch auf den Ausflugsgaststätten am Hamburger Stadtrand beliebt. Sie symbolisierten den Reichsgedanken.

Bevor der Rummel losging, prüfte ein mutiger Kutscher, ob das Eis auch Pferdewagen trug: „Endlich erschien ein Wagehals von Droschkenführer mit einem alten Gaul vor einem Schlitten, die er beide riskierte, indem er bereit war, beim geringsten Krachen hinten hinaus zu springen, wenn das Eis durchbrechen sollte. Es hielt jedoch, und bald darauf jagten bespannte Schlitten vom Grasbrook nach Alto-

na und zurück, eine Tour, die von dem lustigen Publikum stark benutzt wurde."

Das Schlittenfahren war nicht ungefährlich. Carl Reinhardt schrieb karikierend: „Die Schlitten, die indes mehr jene Stelle suchten, wo sich die Schollen zusammengeschoben und eine dickere Eisdecke gebildet hatten, gerieten beim Ausweichen oft auf einen kleineren Eisberg, der zu hoch für eine Seite war, demzufolge die ganze Gesellschaft der Fahrgäste summarisch ausgeschüttet wurde und wie Äpfel umherkugelte, was mit allgemeinem Jubel aufgenommen war, besonders, wenn der Rosselenker dann weiterfuhr, ohne sich um seine Passagiere zu kümmern. So war lustiges Leben und Treiben auf dem Strom – die Öfen dampften, die Kessel zischten und die Flaggen wehten."

Viele Schlittenfahrer hielten sich aber nicht auf dem zugefrorenen Strom auf, sondern fuhren weiter nach Harburg. Dieses Ziel war zumindest im 17. Jahrhundert für die feine Hamburger Gesellschaft fast verpflichtend: „Es gebrauchten sich auch die hohen anwesenden Herren Ministri öfters der Schlittenlust mit vielen Fackeln, Musik und großem Gefolge." Pastor Hessel bemängelte, dass man mehr nach Harburg „als nach der Kirchen und nach dem Himmel eilet. Ja wer alsdann nicht nach Harburg kompt, der meinet, er könne nicht selig werden."

Harburg, selbstständige Stadt mit einem Schloss, konnte man von Hamburg jahrhundertelang nur per Schiff oder eben über das Eis erreichen. Die einstige Burg dort hieß Horburg; das bedeutet „Burg im Morast". Erst 1899 verbanden Brücken über die Norder- und Süderelbe die beiden Nachbarstädte durchgängig. So erschien Harburg, obwohl nur „eine Meile" entfernt, fast unerreichbar und als sportliche Herausforderung. Angeblich fuhren um 1688 an einem Tag 400 Schlitten und 150 Kutschen von Hamburg aus über das Eis nach Harburg. Dort speiste man, wobei nicht wenige Gäste „übers Ohr gehauen" wurden, zum Beispiel der Hamburger Henker, der in Harburg statt eines Rebhuhns eine Krähe vorgesetzt bekam. Als Andenken brachten die Ausflügler gern einen „Harburger Kringel" mit, der noch im frühen 20. Jahrhundert als Spezialität galt.

Für die Kringel gibt es ein historisches Rezept: „Man nehme das Gelbe von 6 hartgekochten Eyern, und drücke es durch einen Durchschlag. Dazu gebe man 20 Loth Mehl, 16 Loth Zucker, 12 Loth Butter, etwa Zitronenschaale, und mache davon einen Teig, und von diesem kleine Kringel, bestreiche sie mit Eydotter, und wende sie in gestoßenem Caneel und fein gehackten Mandeln um, und lasse sie in einer Tortenpfanne oder Backofen backen."

Wem eine Schlittenfahrt nach Harburg zu teuer war, der fuhr zumindest vom Grasbrook bis Altona. Auch auf dieser Strecke ließ sich der Rummel genießen. Dort gab es ebenfalls Zelte mit Tanzgelegenheit. Diese Strecke nach Altona konnte aber ab etwa 1830 nicht mehr benutzt werden, weil zu viele Dampfer unterwegs waren.

Schluss mit den Ausflügen und nun zum Schlittenfahren der Kinder: Oft bauten ältere Kinder die Geräte, aus Kistenbrettern und eisernen Tonnenbändern. Auch die Schlittenbahnen legten sie selbst an. Um 1800 wurden im Garten der Familie Beets an der Palmaille in Altona „... einige abschüssige Sparziergänge des Gartens beim Frost mit Wasser begossen, um sie dann mit kleinen Handschlitten in Windeseile hinabzufahren." Erst im letzten Viertel des 19. Jahrhunderts begann die industrielle Herstellung von Rodelschlitten. Nun musste man sie nicht mehr beim Tischler bestellen oder selbst bauen.

Ein bestimmter selbst gebauter Schlittentyp hielt sich aber bis heute, und zwar weltweit nur in Hamburg-Blankenese: die Kreek. Das ist ein einfacher Kastenschlitten, der mit einer sehr langen Stange gesteuert wird. Eine Beschreibung aus den 1920er-Jahren lautet: „Zwei kräftige Seitenbretter als Kufen, mit Bandeisen beschlagen, zur Verbindung drei armdicke Rundhölzer, darüber drei Bretter für den Sitz und vorne ein Quertau für die Füße, daran die Schlinge mit kunstgerechtem Spleiß ..."

Die Fahrt mit der Kreek nennen die Blankeneser noch heute „rüschen". Und so funktioniert es: „Der erste Rodelabend ist der schönste in Blankenese. Dann liegen die Straßen von frischem Schnee bedeckt und erwarten das ausgelassene Volk der Kreekenfahrer ... Und gerade die Hauptstraße! Das war die Königin unter den Blankeneser Rodelstraßen. In der Mitte ein gleichmäßiges, glattgefahrenes Kopfsteinpflaster, über die ganze Länge zwei wunderbar geschwungene Kurven und zum Schluß ein sanfter Auslauf, das waren ihre Vorzüge ... Inzwischen hatte sich die Bahn bevölkert. Eine Kreek nach der anderen donnerte mit hohlem Poltern ... vorbei. Die Jungen saßen geduckt auf dem kleinen Holzkasten ... Mit der linken Hand hielten sie sich hinten am Sitz fest, mit der rechten handhabten sie den Knüppel, mit dem die Kreek gesteuert wurde. Je länger der Knüppel, desto besser! Es gab Kreeken mit zwei und drei Mann Besatzung, die einen Knüppel von über sechs Meter Länge hinter sich herschleiften."

Auf Schlittschuhen ins Uhlenhorster Fährhaus

Die Rede war schon von einigen Wintervergnügen, vom „Glitschen", also dem Schliddern auf einer kleinen Eisbahn (dazu wurde gerufen: „Platz vor der Glitsch!"), und dem Schlittenfahren. Die Hamburger liefen aber auch Schlittschuh, allerdings erst seit der zweiten Hälfte des 17. Jahrhunderts. Nach einem Bericht von 1687 sah man auf der Außenalster „wackere Bürger in dieser Lauff-Lust ihre Ergötz suchen". Auf der Binnenalster dagegen ging es recht derb zu: „Allhier ... lauffen die Matrosen sehr häufig, ein jeder führet einen Stock oder sonsten etwas, gleichsam die Balance desto besser in der Hand zu halten. Manchmal schlagen sich auch wohl 8–12 und mehr zusammen, die einen großen Heubaum gesambter Hand ergreifen und hiermit davon lauffen hinter einander her, wie sie den Baum er-

griffen haben. Was ihnen aus dem Weg nicht weichen will, mag sich nur zum Fall rüsten und wäre es auch das stärkste Pferd." Nicht nur rauflustige Männer machten den Eisläufern zu schaffen, sondern auch freilaufende Hunde, die gern die Sportler verfolgten.

Im 18. Jahrhundert zog der Eislauf auch die bürgerlichen Schichten an. 1747 hieß es über die Alster, dass „mit gedrängtem Haufen auf ihrer harten Fluth auch Stutzer Schrittschuh laufen". Der Dichter und Ratsherr Brockes lobte „die Winterlust, wenn man auf Schrittschuh rennet". Die Popularität dieses Sports förderte besonders der berühmte Friedrich Gottlieb Klopstock. Auch er sprach von „Schrittschuhen". In seiner Ode „Der Eislauf" von 1764 heißt es sehr geziert:

„O Jüngling, der den Wasserkothurn
Zu beseelen weiß und flüchtiger tanzt,
Laß der Stadt ihren Kamin! Komm mit mir,
Wo des Krystalles Ebne dir winkt."

Ein Kothurn war in der Antike eine hoch geschnürte Sandale mit dicken Sohlen. Eine gewisse Ähnlichkeit zum Schlittschuh bestand: Es gab damals noch keine kompletten Eislaufstiefel, sondern man schnallte sich Kufen unter die normalen Stiefel. Erst im 20. Jahrhundert kamen die Eislaufstiefel auf. Bis dahin montierten die Sportler Kufen aus verschiedenen Materialien unter ihre Schuhe. Man sprach von „Eiß-Schuhen". Ursprünglich benutzte man Knochen, nämlich das Eisbein des Schweines. Daher also der Name der beliebten Winterspeise.

„Man" bedeutet hier „Mann", denn für Mädchen und Damen schickte sich das Schlittschuhlaufen nicht bis zur zweiten Hälfte des 19. Jahrhunderts. Sie hätten stürzen können – und dabei hätten sich vielleicht ihre Röcke verschoben … Wenn vornehme junge Damen sich überhaupt auf das Eis wagten, ließen sie sich von ihren Kavalieren auf Handschlitten schieben. 1827 wurde daher als Sensation gemeldet, dass „ein junges Schenkfräulein im geschmackvollen Kostüm mit leichten Schlittschuhen in Begleitung eines jungen Ehrenritters kühne Bögen und Wendungen auf der Alster machte".

Konservative Hamburger wunderten sich darüber, dass „wackere Bürger" sich so albern verhielten, Schlittschuh liefen und freiwillig die Kälte suchten:

„Will jemand Kluge unter Thoren
Und Männer unter Kindern sehn,
Der darf nur nach der Alster gehen,
Da wird aus bloßer Lust gefroren."

Berend Goos erinnerte sich: „Welch ein heiterer, erregender Anblick war es, wenn wir nach so erschienenem Frostwetter am Sonntage bei meinem Großvater ankamen und nun die erstarrte, weißglitzernde Fläche der Alster übersät mit Schlittschuhläufern vor uns sahen! Da ließ es denn auch mich nicht lange daheim. Gerade vor dem Hause, etwa fünfzig bis sechzig Schritt vom Ufer entfernt, stand Ohlmeyers Zelt, umgeben von einer Menge kleiner Handschlitten. Von diesem Zelte ging eine breite Bahn im großen Bogen am neuen Jungfernstieg vorbei bis an die nördliche Ecke der Alster." Dieser Ohlmeyer fungierte als Amtsfischer auf dem Alsterstau, vermietete Schlittschuhe und musste für die Sicherheit der Sportler sorgen.

Es ging den Hamburgern aber nicht in erster Linie um die frische Luft oder den Sport. Wie auf der Elbe herrschte auf der zugefrorenen Alster buntes Jahrmarkttreiben. Auf der breiten Außenalster fuhr man auch mit Pferdeschlitten, was auf der Binnenalster nicht möglich war.

Friedrich von Hagedorn (1708–1754), Sekretär der englischen Merchant Adventurers in Hamburg, dichtete:

„Der Elbe Schiffahrt macht uns reicher,
Die Alster lehrt gesellig sein!
Durch jene füllen sich die Speicher,
Auf dieser schmeckt der fremde Wein."

Hagedorns Verse bezogen sich auf sommerliche Bootsausflüge, passten aber ebenso auf frostiges Wintervergnügen.

Beliebt war ein Ausflug auf Schlittschuhen über die Außenalster zum Uhlenhorster Fährhaus. Von Berend Goos hören wir: „Die Uhlenhorst war damals nichts weiter als eine große Wiesenfläche, hier und da ein Bauerngehöft zeigend, welche, nur wenig die normale Wasserhöhe überragend und im Winter zu einem großen Teil von der Alster überflutet, die Eisfläche sehr erweiterte, so daß man direkt bis an den Garten des Winterhuder Wirtshauses laufen konnte. Von hier aus gelangte man, ohne die Schlittschuhe abzulegen, von hinten ins Haus, ja sogar in dessen oberes Stockwerk, woselbst ein größerer Saal vorhanden war, und erlabte sich nun bei Eierwein, Punsch oder Kaffee, während vor dem Garten ein Gedränge von Schlitten, Schlittschuhläufern und ländlichen Zuschauern im bunten Wirrwarr sich entfaltete."

Bis weit in die zweite Hälfte des 19. Jahrhunderts konnten die Hamburger nur auf den zugefrorenen Gewässern Schlittschuh laufen. Eine Sensation war daher die Anlage der Kunsteisbahn am Wandsbeker Markt. Der Fuhrunternehmer Franz Gladow eröffnete sie im Jahr 1881. Übrigens war das eine Sensation nicht nur für die Hansestadt, denn es handelte sich um die erste Kunsteisbahn Deutschlands.

Glanzvolles Ende der Weihnachtszeit

Bleiprognosen: Fideler Altjahrsabend

Der Silvestertag hieß im alten Hamburg bis in das 19. Jahrhundert „Altjahrsabend“. In der evangelischen Kirche ist man bei diesem Namen geblieben. Silvester war im 4. Jahrhundert Bischof von Rom.

Auch wenn Weihnachten noch nicht lange her war, bot der Altjahrsabend wieder einen Anlass für Familienfeiern. Paul Hertz berichtete über die familiären Gepflogenheiten im 19. Jahrhundert: „Mir sind … besonders die Altjahrsabende im Gedächtnisse, zu denen alle erwachsenen Familienglieder geladen wurden. Ein alter feststehender Brauch war es an diesem Abend …, daß jeder Ehemann seine eigene Frau zu Tische führte. Die, welche Lust und Leid des Lebens miteinander zu teilen hatten, sollten die letzte Stunde des alten Jahres und die erste des neuen in enger Gemeinschaft verbringen. Oben am Tische saßen also auch nebeneinander die Großeltern. Kurz vor Mitternacht erhob sich der Großvater zu einer Rede. Er hielt eine Rückschau auf das vergangene Jahr, dankte Gott für das, was er gegeben, und erflehte seinen Segen für das kommende. Er ermahnte uns, solchen Segens uns würdig zu erweisen.“

Einen ernsten Ton schlug auch Johann Heinrich Voß (1751–1826) an, der Übersetzer Homers, der ab 1775 zeitweilig in Wandsbek in der Nachbarschaft von Matthias Claudius lebte. Er dichtete zum Jahreswechsel:

„Des Jahres letzte Stunde
Ertönt mit ernstem Schlag.
Singt, singt von Herzens Grunde,
Und wünscht ihm Segen nach.
Zu jenen grauen Jahren
Entfloh es, welche waren.
Es brachte Freud und Kummer viel
Und führt uns näher an das Ziel.
…
Auf Brüder, frohen Mutes,
Auch wenn uns Trennung droht!

Wer gut ist, findet Gutes
Im Leben und im Tod.
Dort sammeln wir uns wieder
Und singen Wonnelieder!
Klingt an und: gut sein immerdar!
Sei unser Wunsch zum neuen Jahr."

Stiller waren die Feiern, bei denen es darum ging, die Ereignisse des neuen Jahres vorauszusagen. Das Bleigießen wird auch heute noch praktiziert, allerdings immer seltener. Die

Teilnehmer interpretieren die Figuren, die entstehen, wenn heißes Blei in kaltes Wasser gegeben wird. Im alten Hamburg nahm man statt Blei auch Eiweiß. Man schlug ein Ei in eine kleine Schüssel mit Wasser und wartete ab, welche Formen sich ergaben.

Es gab auch andere Orakel, beispielsweise das Schuhwerfen, wohl hauptsächlich vom Personal in großbürgerlichen Häusern praktiziert. Die Dienstmädchen setzten sich auf den Boden und warfen einen Schuh über den Kopf nach hinten in Richtung Tür. Wenn der Schuh mit der Spitze zur Tür fiel, war das ein Zeichen dafür, dass man im neuen Jahr die Stellung verlassen musste.

Geradezu unheimlich wirkt das Salzorakel. Man presste für jeden Teilnehmer Salz fest in einen Fingerhut, stülpte den Fingerhut um und ließ die Salzkegel über Nacht stehen. Wessen Kegel am nächsten Morgen eingestürzt war, musste damit rechnen, dass er im nächsten Jahr sterben würde. Harmloser nimmt sich das „Däumeln" aus. Dabei wurde der Daumen wahllos in die Bibel oder das Gesangbuch gesteckt. Der jeweils aufgeschlagene Text konnte dann ausgelegt werden, als positives oder negatives Vorzeichen.

Unsere Vorfahren wollten aber nicht nur einen Blick in die Zukunft werfen, sondern die Zukunft auch beeinflussen. So banden sie z. B. in der Neujahrsnacht um die Obstbäume Strohseile, steckten einen Kupferpfennig hinein und sagten dazu Segenssprüche auf. Ziel war eine reiche Obsternte im nächsten Jahr.

Auch in Hamburg wünschte man am Altjahrsabend „einen guten Rutsch". Seit wann dieser Brauch besteht, ist unklar. Der Begriff „Rutsch" soll von hebräisch „rosh" = Anfang stammen, oder von „rutschen" = reisen (besonders mit der Eisenbahn).

Die Nacht von Silvester auf Neujahr galt im alten Hamburg als Zeit der Geister und bösen Mächte. Um die Mächte der Finsternis zu bannen, gab es verschiedene Möglichkeiten. Man konnte sich als Dämon verkleiden, um die Geister mit ihrem eigenen Ebenbild zu erschrecken. Man konnte die Geister aber auch mit viel Lärm vertreiben. Ein Überrest dieses Aberglaubens ist die heutige Silvester-Knallerei.

Noch in den sechziger Jahren des vorigen Jahrhunderts war es üblich, bei Silvesterfeiern zumindest ein buntes Papp-Hütchen aufzusetzen, eventuell auch eine Maske. Damen trugen gern Hütchen in spitzer Tüten-Form, ähnlich den Abdeckungen für die Tulpen-Treiberei. Auch in vielen Geschäften rüstete sich das Personal damals mit lustigen Kopfbedeckungen aus. Scherzartikel verkauften sich gut. Besonders skurril: nachgeahmter Hundekot als Tischdekoration …

Auch der Altjahrsabend war ein „Vullbuks"-Abend. Aufgetischt wurden wie schon am Weihnachtsabend gerne Karpfen. Im Mittelalter genossen die Hamburger sogenannte „Eiser-Kuchen", die in speziellen Eisenformen, ähnlich wie Waffeleisen, gebacken wurden. Schon zu Beginn des 20. Jahrhunderts setzten sich in Hamburg die „Berliner" als süße Leckerbissen durch, also eigentlich die „Berliner Pfannkuchen". Beliebt waren zu Silvester auch wieder die „Ossenogen" mit Apfelstücken. Getrunken wurde hauptsächlich Punsch.

Raketen über der Alster

Ähnlich wie heute wurde im alten Hamburg zum Jahresende ausgiebig und laut gefeiert, sofern man es sich leisten konnte. Und manche Feier artete aus. Bis in das 19. Jahrhundert machte sich der „Pöbel" (in Hamburg damals „Janhagel" genannt) ein Vergnügen daraus, nachts zu randalieren.

Auch der Rummelpott ging wieder um. Im 20. Jahrhundert wurde dieser Brauch nur noch zu Silvester praktiziert, nicht mehr am Heiligabend. Mittlerweile ist er aber auch zu Silvester vergessen. Beutezüge verkleideter kleiner Monster, Hexen und Skelette ausgerechnet am Reformationstag weisen gewisse Ähnlichkeiten mit dem früheren Rummelpottlaufen auf …

Im alten Hamburg besuchte der Nachtwächter gegen Mitternacht die Feiergesellschaften und sagte den Spruch auf: „De Klock hett twölf slagen, twölf is de Klock." Er schwang seine Knarre („Rätel") und erhielt dann Essen und geistige Getränke zur Stärkung. Angeblich wurde er davon „oft allzusehr gestärkt".

Dass am Altjahrsabend gern gelärmt wurde, um die bösen Geister zu vertreiben, wurde schon berichtet. Offenbar ist dieser Brauch aber noch nicht sehr alt. Erst gegen Ende des 18. Jahrhunderts wurde das neue Jahr mit Pauken und Trompeten begonnen. Feuerwerke gab es in Hamburg dagegen seit dem 17. Jahrhundert, allerdings zunächst anlässlich besonderer Ereignisse. Johann Rist, den wir als Dichter des Elbschwanenordens schon kennengelernt haben, berichtete in seinem „Hamburgischen Fried- und Freudenfeuer" über das imposante Feuerwerk über der Binnenalster anlässlich des Westfälischen Friedens 1648, das allerdings erst im Jahr 1650 stattfand.

Die Ausdrucksformen der Feuerwerke im alten Hamburg waren wesentlich fantasievoller als heute. Abgebrannt wurden Feuerräder, Sternschnuppen, „Brilliantschwärmer" und „Pfauenschwänze". Pauken und Trompeten begleiteten die Veranstaltungen; Salven der Kanonen auf den Wallanlagen verstärkten den Lärm. Andere Mörser schossen Leuchtkugeln ab. Dazu waren die Gerüste der Feuerwerke kunstvoll mit allerlei Zierat umkleidet. Die Zuschauer konnten beispielsweise Wappen, Triumphbögen, Pyramiden oder Inschriften bewundern.

Bis etwa 1840 war das Schießen in der Stadt – aus alten Vorderladern – wie am Weihnachtsabend auch am Altjahrsabend beliebt. Es wurde erst verboten, als mehrere Menschen zu Schaden gekommen waren. Im Landgebiet hielt sich der gefährliche Brauch länger: „Dat nee Jahr ward inschaten." Dazu riefen sich die Menschen aus den Fenstern „Proost Neejohr" zu, manchmal ergänzt mit dem derben Zusatz „Schiet op Altjohr!"

Das Schießen war ja allgemein in Hamburg beliebt. Der Hamburger Schützenverein eröffnete seinen Schützenhof in Barmbek (Bachstraße) 1860 und feierte das Ereignis mit einem Volksfest. Gefährlich war die Schießerei auch dort: 1898 tötete eine verirrte Kugel einen Arbeiter auf der be-

nachbarten Eisengießerei. Daraufhin ordneten die Behörden die Schließung des Schützenhofs an.

Die ärmere Bevölkerung Hamburgs, wahrscheinlich deren Jugend, nutzte den Altjahrsabend zu Beginn des 19. Jahrhunderts offenbar auch für Ausschreitungen, die eventuell als Protest gegen die Bürgerschicht zu deuten sind. Sie warfen „an diesem Tage zu später Stunde Scherben, Flaschen, Töpfe mit Unrat gegen die Türen ruhe- und friedliebender Bürger". Die Polizei schritt dagegen „mit Nachdruck" ein.

Gefährlich waren und sind auch Tannenbaumbrände. Jedes Jahr warnen die Behörden davor auch zu Silvester, denn dann sind die Weihnachtsbäume häufig schon recht trocken und nadeln. Größere Brände zu Weihnachten oder Silvester durch Tannenbäume sind aber aus Hamburg nicht bekannt. Dafür gab es am 31. Dezember 1989 einen Großbrand in den Alsterarkaden, wohl ausgelöst in der Küche des vegetarischen Restaurants, einer Hamburger Institution. Die historischen, denkmalgeschützten Arkaden wurden weitflächig beschädigt. Ein riesiger Rauchpilz stand über der City. Die Löscharbeiten dauerten über acht Stunden. Dieser Silvestertag war ein Sonntag. So lockte der Brand tausende Schaulustige an.

Das neue Jahr ist da!

Viele Weihnachtslieder und -gedichte gibt es, aber nur wenige Künstler haben sich mit Neujahr befasst. Zu den wenigen Ausnahmen gehört „Mein Neujahrslied" von Matthias Claudius:

„Es war erst frühe Dämmerung
Mit leisem Tagverkünden,
Und nur noch eben hell genug,
sich durch den Wald zu finden.

Der Morgenstern stand linker Hand,
Ich aber ging und dachte
Im Eichtal an mein Vaterland,
Dem er ein Neujahr brachte.“

Im Wandsbeker Eichtal entlang der Wandse befindet sich auch heute noch ein Park, eben der Eichtalpark. Man kann dort also auf den Spuren von Claudius wandeln, vielleicht sogar am Neujahrstag. Die Neujahrswünsche des Dichters lauteten: „'n fröhlichs Neujahr, 'n fröhlichs Neujahr für mein liebes Vaterland, das Land der alten Redlichkeit und Treue! 'n fröhlichs Neujahr, für Freunde und Feinde, Christen und Türken, Hottentotten und Kannibalen! für alle Menschen, über die Gott seine Sonne aufgehen und regnen lässet! und für die armen Mohrensklaven, die den ganzen Tag in der heißen Sonne arbeiten müssen! 's ist ein gar herrlicher Tag, der Neujahrstag!“ Die „Mohrensklaven“ erwähnte Claudius nicht von ungefähr. Denn sein Gönner, der schon erwähnte Graf Schimmelmann, erwarb seinen Reichtum zumindest indirekt mit dem Sklavenhandel und dem Anbau von Zuckerrohr in Mittelamerika. Die Arbeit auf den Plantagen „in der heißen Sonne“ verrichteten Sklaven aus Afrika.

Claudius schrieb auch die „Spekulations am Neujahrstage“: „Ich pflege mich denn wohl alle Neujahrsmorgen auf einen Stein am Weg hinzusetzen, mit meinem Stab vor mir im Sand zu scharren und an dies und jen's zu denken ... ich sitze und denke dran, daß ich in dem vergangnen Jahr die Sonne so oft hab aufgehen sehen und den Mond, daß ich so viele Blumen und Regenbogen gesehn, und so oft aus der Luft Odem geschöpft und aus dem Bach getrunken habe; und denn mag ich nicht aufsehn, und nehm' mit beiden Händen meine Mütz' ab und guck h'nein.“

Neujahr war anders als heute im alten Hamburg ein Glückwunsch- und Geschenktag. Das Bürgertum versandte Neujahrskarten, im 18. Jahrhundert mit besonderem Aufwand. Sogar auf Seide gedruckte Glückwünsche wurden verschickt. Die Texte sollten scherzhaft sein, doch waren sie wohl nicht immer „stubenrein“. 1759 kritisierte

jedenfalls die Geistlichkeit „anstößige Dinge". 1806 wurden Karten mit dem Hinweis angepriesen, das sie „nichts Schmutziges und Unanständiges enthalten".

Im „Hamburger Relations-Courier" vom Dezember 1796 wurde für Neujahrswünsche geworben: „Bey dem Buchbinder Zimmer in der Bohnenstrasse, und in der Domzeit im Dom, sind zu haben, neue Sorten Neujahrswünsche, bestehend in gemahlte Aepfel und Birnen ..." Ebenfalls 1796 offerierte L. F. Gauß, „Buchbinder am Domsiegel", im Hamburger Relations-Courier „verschiedene schöne und gut gemahlte Neujahrswünsche". Er bot auch „neue Sorten" an, „bestehend in gemahlte Aepfel und Birnen, a 12 ßl, doppelte Aepfel und Birnen, a 1 MK". Äpfel und Birnen waren als Illustration vielleicht beliebt, weil sie ein fruchtbares neues Jahr symbolisieren sollten. Ende des 19. Jahrhunderts wurden Neujahrskarten modern, die mit Maiglöckchen verziert waren, also in der Zeit, als Maiglöckchen zu Weihnachten verschenkt wurden.

Offenbar entwickelte sich der Versand von Neujahrskarten im 19. Jahrhundert zu einem inhaltsleeren, rein formalen Brauch. Ferdinand Beneke kritisierte 1821, das Beste an den Grußkarten sei, „daß ihr frostiges Nichts keine weitere Lüge sagt".

So wie zeitweise am Nikolaustag Geschenke verteilt wurden, war auch der Neujahrstag ein Anlass für Präsente. Im Mittelalter überreichte der Hamburger Rat seinen Bediensteten einen „Opferpfennig" und veranstaltete für sie ein Festmahl.

Öffentlich aufwendig gefeiert wurde der Neujahrstag 1801, der erste Tag des neuen Jahrhunderts, übrigens bei strahlender Sonne. Ein nachträglicher „historischer Bericht" von 1804: „Mittags um zwölf Uhr ward eine dreimalige Salve, jede von hundert Kanonen, gegeben. Die Wälle waren gleichsam wie mit Menschen bedeckt, und auf den Straßen, wo zur Erhaltung guter Ordnung Dragoner und Soldaten patrouillierten, hörte man Gassenmusik mit Freudengeschrei, und frohe Flintenschüsse durchknallten den allgemeinen Volksjubel." Mit den Wällen sind die alten Festungswälle genannt. Sie wurden 1804 abgetragen und ein Jahr später parkartig gestaltet. Dort sollten die Hamburger spazieren gehen. Leider kam es aber zu Vandalismus, wie man heute sagen würde. Der „Pöbel" zerstörte die neuen Anlagen. Im März 1805 erließ der Rat ein Mandat gegen die „Unordnungen".

Noch heute gibt es Symbole, die mit dem Jahreswechsel verbunden sind und Glück bringen sollen: das vierblättrige Kleeblatt, das Glücksschwein und der Schornsteinfeger. Zuerst zum Schwein. Seine Rolle als Glücksbringer verdankt es den ländlichen Schützenfesten. Dort winkten als Preise ein Pferd oder ein Ochse – und als Trostpreis ein Ferkel. Wer den Trostpreis gewann, hatte „Schwein gehabt".

Schon zu Weihnachten, nicht erst zu Neujahr, wurden im ausgehenden 19. Jahrhundert Marzipanschweine angeboten. Maria Dahlström schrieb über das kleine Schwein, das stolz im Schaufenster einer Konditorei stand: „Und hätte es den Kopf nur bewegen können, es hätte ihn noch ein wenig höher emporgeworfen. Aber das konnte es nicht, denn der Konditor hatte einen hölzernen Stock durch seinen Leib gebohrt ..."

Schornsteinfeger waren und sind schwarz gekleidet. In früheren Zeiten wurden ihnen Verbindungen zur Unterwelt nachgesagt. Sie waren die „schwarzen Männer" und dienten als Kinderschreck. Paul Hertz erinnerte sich an seine Kindheit: „In das Hinterhaus eintretend, befand man sich zunächst auf einem kleinen Vorplatz ... An diesem Vorplatz lag das ‚Düsterlock' (dunkles Loch, A. R.), für uns Kinder der Inbegriff des Schreckens. Denkt euch eine

kleine Tür an der Wand, die in einen absolut dunklen Raum führt. In diesem wurden Besen, Leuwagen und Feule aufbewahrt, auch konnte man dort durch eine Klappe in den Hauptschornstein einsteigen. Häufig sahen wir die Schornsteinfeger da aus und ein kriechen, schwarze Teufel mit blitzenden Augen. Ich kenne das Düsterlock sehr genau, – ich habe häufig darin gesessen. Wenn wir Kinder nämlich einmal gar keine Räson annehmen wollten, nahm uns die Mutter beim Kragen und steckte uns hinein. Das war fürchterlich! Pechschwarze Nacht ringsum – kein Ton zu hören, als das eigene Geschrei oder das Sausen im Schornstein – jede menschliche Hilfe ausgeschlossen! Mein Gott, wenn nun der Schornsteinfeger gerade käme, was sollte man da wohl anfangen?“

„Leuwagen“ ist übrigens der Hamburger Ausdruck für „Schrubber“. Und „Feul“ bedeutet „Wischtuch“. Beide Begriffe stammen von reformierten Glaubensflüchtlingen aus den Niederlanden, die im dänischen Altona Zuflucht fanden, nachdem Hamburg eine weitere Aufnahme verweigert hatte. In Altona (Stadtrecht 1664) durften sich auch Mennoniten, Quäker und Juden ansiedeln. Das Wappen der Stadt zeigt nicht von ungefähr ein offenes Tor.

Zurück zu den Schornsteinfegern: Sie verbreiteten Schrecken, wurden aber auch bewundert, weil sie eine offensichtlich recht gefährliche Arbeit verrichteten, ohne zu Schaden zu kommen. Sie trugen im 20. Jahrhundert selbst zu ihrer Stilisierung als Glücksbringer bei, indem sie Kalender mit Glückssymbolen verschenkten. Auf manchen Seiten waren neben Schweinchen und Kleeblättern auch Schornsteinfeger abgebildet …

Oft, bis heute, wurde und wird der Tannenbaum am Neujahrstag noch einmal „angezündet“. Schon Wichern berichtete 1826 über diesen Brauch im Rauhen Haus: „Und am Neujahrsabend … brannte der Tannenbaum noch einmal, und noch einmal erklangen bei neuem Jubel die alten Lieder. Die Lichter wollten verlöschen, und wir schieden vom Feste. Vom Tannenbaum nahm jeder Knabe und jedes Mädchen einen Zweig zum Angedenken, damit die Erinnerung an Weihnachtsgrün und Weihnachtssegen uns ins neue Jahr geleite.“

Natürlich wurde auch Neujahr wieder kräftig gespeist. Auch dieser Feiertag war erneut ein „Vullbuksavend“. Als Menüfolge ist überliefert: „außer einer guten Suppe ein tüchtiges Stück Rindfleisch mit Braunkohl und Kastanien nebst einem Mehlpudding mit Rosinen“. Die Hamburger sprechen aber eigentlich von „Grünkohl“ statt „Braunkohl“. Bemerkenswert sind die Kastanien als Beilage. Sicher wurden in alten Zeiten die genussfertig zubereiteten und konservierten Maronen auch so teuer wie heute gehandelt. Denn von Natur aus wächst die Esskastanie nicht in Norddeutschland. Und die frischen Maronen vom Herbst waren zum Jahresbeginn schon recht trocken geworden.

Als Gebäck kamen Neujahr neben den „Ossenogen" sogenannte Neujahrskuchen auf den Tisch – eine Art gerollter Crêpe.

Die Neujahrskuchen wurden aus Mehl, Eiern, Honig, Anis und Pfeffer gebacken, und zwar in speziellen Neujahrskucheneisen. Diese Geräte sind noch heute erhältlich. Das Backen damit erfordert Übung. So waren die Neujahrskuchen wohl betuchten Bürgern wohlbehalten, die eine Köchin beschäftigten.

Hell leuchtet der Morgenstern

Am 6. Januar feiern die Christen Epiphanias, das Erscheinungsfest. Erinnert wird an die Erscheinung Christi, die „Epiphanie". Epiphanias ist das vierthöchste Fest des Kirchenjahres und der zweite Gipfel des Weihnachtsfestes. Im Volksmund heißt dieser Tag „Dreikönigstag". Die drei Weisen aus dem Morgenland fanden das göttliche Kind in der Krippe, von einem Stern geleitet. In der sakralen Kunst werden die drei Könige eher selten dargestellt. Die Cantate-Kirche in Hamburg-Duvenstedt besitzt ein Glasmosaik-Fenster, das die Heiligen Drei Könige zeigt.

Epiphanias war in Hamburg ursprünglich ein Feiertag. Der Senat hat ihn erst 1837 gestrichen. Die Hamburger sprachen statt von Epiphanias oder Dreikönigstag früher von „Großneujahr". Mit diesem Tag begann aus christlicher Sicht das neue Jahr, nicht mit dem 1. Januar.

Bis heute besteht der Brauch, den Weihnachtsbaum erst am 6. Januar zu „plündern" oder „abzuschmücken". Da die früheren Weihnachtszimmer bzw. die „guten Stuben" wenig geheizt wurden, entwickelte sich dafür der Ausdruck „kalte Pracht".

In den evangelischen Gottesdiensten wird zu Epiphanias stets das Lied „Wie schön leuchtet der Morgenstern" gesungen, wohl schon seit 400 Jahren. Den Text verfasst hat Philipp Nicolai im Jahr 1599. Er war ab 1601 Hauptpastor an der Hamburger Hauptkirche St. Katharinen. Leider sind seine Verse nicht in Hamburg entstanden, sondern in Unna, wo er vorher tätig war. Zusammen mit seinem ebenfalls berühmten Lied „Wachet auf, ruft uns die Stimme" hat Nicolai den Text in seinem Trostbuch „Frewdenspiegel deß ewigen Lebens" publiziert.

Der so schön leuchtende Morgenstern wies die „drei Könige" zum Stall in Bethlehem. Nach der Legende brachten sie dem göttlichen Kind Gold, Weihrauch und Myrrhe. In der Bibel ist allerdings nur die Rede von „Magiern", ohne eine Anzahl oder Namen zu nennen. Namen erhielten die „Könige" erst später. Melchior, der Name bedeutet „Gottesschutz", trug angeblich das Gold bei sich, Balthasar („Lichtkönig") den Weihrauch und Caspar („Schatzmeister") die Myrrhe. Caspar wurde oft als junger Mohr dargestellt. Auf diese Gestalt soll angeblich die Gestalt des „Kaspers" im Puppentheater zurückgehen.

Die geheimnisvollen Harze Weihrauch und Myrrhe stammen aus Arabien und Nordostafrika. Sie wurden wie die Weihnachtsgewürze über den Hamburger Hafen eingeführt. Weihrauch stammt als Gummiharz von bestimmten Balsambäumen, Myrrhe ist der erstarrte, ursprünglich gelblich-weiße Milchsaft des Myrrhenbaumes. Beim Erwärmen verbreitet Weihrauch den aus katholischen Kirchen bekannten Geruch. Myrrhe riecht beim Verbrennen ähnlich. Dieses Harz diente auch als Arznei zur Blutstillung.

Die Geschenke der drei Könige haben aber vor allem eine symbolische Bedeutung. Gold steht für Christus, den König. Weihrauch ist Sinnbild für Christus als den Hohepriester. Und Myrrhe weist auf das Lebensopfer Christi hin, weil der Tote mit Myrrhe und Aloe gesalbt wurde.

Der Hamburger Dichter Wolfgang Borchert (1921–1947) versetzte in seiner Kurzgeschichte „Die drei dunklen Könige" den Besuch der Weisen in die Zeit nach dem

Zweiten Weltkrieg. Drei Männer in alten Uniformen, einer mit erfrorenen Händen, bringen einem Säugling Geschenke, darunter einen selbst geschnitzten Esel aus Holz. Mit dem Esel spielt Borchert auf Ochs und Esel im Stall zu Bethlehem an, die übrigens in der biblischen Weihnachtsgeschichte gar nicht vorkommen.

Mit dem 6. Januar endeten die Raunächte. An diesem Tag vertrieben die Heiligen Drei Könige die bösen Geister. Sie hatten die Dämonen der „Twölften“ besiegt. Deren Macht war auf wenige Tage im Jahr beschränkt gewesen.

In Hamburg fanden am 6. Januar bis in das 18. Jahrhundert Umzüge von Bettlern statt, die sich als Könige verkleidet hatten: „Den mit großen Bärten ausgestatteten Königen schleppten lange Mäntel nach, auf dem Kopfe trugen sie goldpapierene Kronen und in den Händen lange Stäbe als Zepter und Kegelkugeln als Reichsapfel. Ein gewaltiger Stern, von dem ein mächtiger Kometenschweif ausging und nachschleppte, wurde von einem kleinen Begleiter getragen." Die Bettler hießen im Volksmund „Sternsinger". Wenn sie in einem Haus gastlich aufgenommen worden waren, sollen sie zum Abschied gesungen haben: „Die Heiligen Drei Könige mit ihrem Stern, sie essen und trinken und bezahlen nicht gern."

Diese Umzüge arteten aus. Der Rat schritt immer wieder dagegen ein. Schon am 23. Dezember 1666 verbot er Betteleien zu den Zwölften, weil „... um Weihnachten und das Fest der Heiligen Drei König sowohl erwachsene Personen als kleine Knaben das Christ-Kindlein bisher ausgekleidet und sonsten mit dem Stern auf den Gassen herum und in die Häuser gegangen, solches aber zu Zeiten gleichfalls zu vielen Unordnungen, auch Ärgerniß gemißbrauchet worden ist". 1704 wandte sich der Rat erneut „gegen die Auskleidung des Christ-Kindleins und das Herumtragen mit dem Sterne". Trotzdem hielt sich das Brauchtum, im Hamburger Landgebiet sogar noch bis in die Mitte des 19. Jahrhunderts.

Seit etlichen Jahren ziehen in Hamburg andere Sternsinger zum Dreikönigstag umher. Diese katholischen (und mittlerweile auch evangelischen) Kinder segnen Häuser und Räume. Sie schreiben mit Kreide über die Türbalken die Formel „20 + C + M + B + 15" (beziehungsweise die jeweilige Jahreszahl). Die Buchstaben „C", „M" und „B" lassen sich auf zweierlei Weise übersetzen: als „Caspar, Melchior und Balthasar" (also die Namen der legendären Magier, deren Reliquien seit 1164 im Kölner Dom ruhen) oder als „Christus mansionem benedicat". Das bedeutet: „Christus segne das Haus." Zu Epiphanias 2012 waren Sternsinger aus der Diözese Hamburg sogar zu Besuch bei der Bundeskanzlerin.

Mit dem Ende der Weihnachtszeit war die Phase der Feiern und Völlereien vorbei, und die unwirtlichste Zeit des

Jahres begann. In den drei Monaten von Januar bis März drohten Schnee, Frost und Unwetter. Hochwasserkatastrophen überfielen die Stadt meistens in dieser Zeit, besonders im Februar, beispielsweise 1825 oder 1962. Die Vorräte gingen zu Ende, das eingestallte Vieh magerte ab. Immerhin wurde es jetzt jeden Tag heller, und die Erinnerung an die Freuden der Weihnachtszeit half, den Winter zu überstehen. Nur das Marzipan durfte man nicht zu lange aufheben ...

Zum Weiterlesen

Leider gibt es keine wissenschaftliche Untersuchung über die Entwicklung der Hamburger Weihnachtsbräuche. Daher stützt sich dieses Buch vor allem auf Lebenserinnerungen und schöpft aus zeitgenössischen Quellen. Die Autoren der Zitate werden jeweils im Text genannt. Ihre Werke sind im Quellen- und Literaturverzeichnis dokumentiert. Zur Sekundärliteratur folgen hier Hinweise zu den einzelnen Kapiteln mit Stichworten. Die jeweiligen Titel können ebenfalls im Quellen- und Literaturverzeichnis nachgeschlagen werden.

Zeit der Erwartung: Advent

Der Hamburger Kranz
Beleuchtung: Eilers, Schütt (Ernst Christian), www.streetlight / Fasten: Hinrichsen 1999 / Pietismus: Wallmann / Grab: Reiter / Betteln, Elend: Eilers / Armutsgrenze: Rosenfeld 1992 / Rambach, Fleete aufgefüllt: Schütt (Ernst Christian) / Abtritte, Zitat Times: Rosenfeld 1992 / Wichern: Hinrichsen 1999 / Wagenrad: Mecklenb. Kirchenzeitung / Krönung: Bieritz / Brauchtum: Hinrichsen 1999 / Vier: Rommel

Mit der Weihnachtsuhr die Tage zählen
Averdieck: Hinrichsen 1999 / Striche, Halm: Kubitschek / Erste Uhr: Hinrichsen 1999 / Gedicht Schimmel: Hinrichsen 1999 / Basteln: Kubitschek / anspruchsvoll: Olivier / PEA: Hinrichsen 1999 / Sellmer: Kubitschek / Behänge, Bergleute: Bieritz / Feuer: Hinrichsen 1999 / Klee: Rommel

Nikolaus und der Kinderbischof
Name: Rommel / 2000: Hinrichsen 1999 / Schutzpatron: Bieritz / erwecken, Bischof: Hinrichsen 1999 / Wahl, Umzug, Sunte Klaas: Finder / Geschenke, Bart, Ruprecht: Hinrichsen 1999

Mühevolle Weihnachtswünsche
Gratulation, Segen: Finder / Wilhelmsburg: Keesenberg / Lehrer: Goos / Goos: Hinrichsen 1999 / Gedicht: Finder / Tisch: Hinrichsen 2010 / rahmen: Finder / 1809: Hinrichsen 2010 / Adresse, Panzer, Nacht: Hinrichsen 2010

Rummelige Ablenkungen

Dunkle Umtriebe im Mariendom
Weihe, Streit: Reetz / gestört, draußen, Bücher, Kanzel, zehn Uhr, Messe, Wucher: Finder / Domkapitel: Borcherdt / Cavaliers, Dompopp, Porzellan, Würste, Unsittlichkeit, Schlachter: Finder / Zucker, Gedicht: Eilers

Sillem's Bazar und andere Verlockungen
Havanna-Cigarros: Eilers / Großer Brand, Heine, von Mohl: Ahrens / Einzelteile, Schilling: wikipedia / abgerissen: www.sillem-familiy.com / Keiling: Hinrichsen 1999 / Bälle: Gimpel / Wände, Fabeltiere, Eldorado, Sagebiel: Hinrichsen 1999

Zum „Dom" auf den Gänsemarkt
Altengamme: Reiter / verlegen: Finder / drei Wochen, Poffertjes: Hinrichsen 1999 / Trubel, Akrobaten: Finder / 1881: Borcherdt / Drehorgel: Kleßmann / Unterleib: Garvens / Spielbuch: Vossen / bedenklich: Leo / Lorgie: Johannsen / Hauptzweck: Amtl. Anzeiger

Christi Geburt in Lebensgröße
13. Jh.: Bieritz / leseunkundig, Reformation, Hopfenmarkt, Anzeigen: Finder / London: Kopitzsch / Bastelbögen: Hinrichsen 1999 / kundtun: St. Nikolai /

Vorbereitung auf das Fest

O Tannenbaum
Maien: Hinrichsen 1999 / Gedicht Zell, Symbol, Tisch, Genoveva: Finder / geschmückt: Jacobs / „Die Zeit": Archiv Zeit / Pyramide Goos: Schreyer 1990 / Sinnbild: Jacobs / Früchte: Jeremias / 1762: Handbuch hist. Stätten / Ananas: Röpke / schwärmerisch, Eichendorff: Holst / Beneke: Finder / Nachfrage, Verordnungen: Hinrichsen 1999 / Weihnachtsfreude: Finder / Wohldorf: Schreyer 1991

Wie die Weihnachtsbäume in die Stadt kamen
Köllerloge, Kiefern: Walden / Harz: Hinrichsen 1999 / Großkätner: Finder / Behrmann: Schreyer 1990 / populär, Stearin: Hinrichsen 1999 / Friedhof: Leisner

Kein Weihnachten ohne Maiblumen
Ilex, Rose von Jericho: Hinrichsen 1999 / Tränen Marias, Lütte Lilln, Vierlande, Raddampfer: Hinrichsen 2006 / Eisenbahn: Wobbe

Glitzernd oder schmackhaft: der Baumschmuck
Fressbaum: Hinrichsen 1999 / Robert Koch: Rosenfeld 1992 / Cousinot: Manufactum-Gartenkatalog / Lehmkugeln: Lutz / Rüter to Peerd: Finder / Glaskugeln: Hinrichsen 1999 / Buntpapiernetze: Finder / Wintervorrat: Hinrichsen 1999 / Ukelei-Fisch: Schütt (Erwin)

Braune Kuchen seit 230 Jahren
Kaffeetrinken, Kinnjeeskoken, Wiehnachtsmann sin Stuten: Hinrichsen 1999 / Klöben: Hamburger Klöben / Pfefferkuchner: Steinchen / Gewürzhändler: Kleßmann / Spielgeld, Rezept, Pfefferleinstag: Hinrichsen 1999 / herausgeben: Steinchen / Westphalen: Eilers / Figuren: Hinrichsen 1999 / Schupp: Schmidt / Hauch Paradies: Schivelbusch

Endlich Weihnachtsabend

Warten auf den Weihnachtsmann
Herr Winter: Jacobs / Karikatur: Schütt (Ernst Christian) / Norddeutschland eher: Jacobs / Gruß an Bord: NDR / unordentliche Sitten: Bieritz / Liebesmahl, Kirchgang: Schreyer 1990

Das verbotene Zimmer
Gedichtsammlungen: Hinrichsen 2010

Herzliebchens Zeitvertreib und Schießgewehre
Dienstboten: Schreyer 1990 / Hospital: Finder / Reformation: Schreyer 1990 / Christkind: Bieritz / Drei Könige / Hinrichsen 1999 / Weihnachtspfennige: Schreyer 1990 / Sitten: Finder / Revanche: Schivelbusch / Zell, Angebote Dom: Finder / Claudius: Kleßmann / Extraportion: Jacobs / Licht vor die Krippe: Schreyer 1990 / Tiere sprechen: Jacobs

Der bunte Teller
Aus Pappe, Rezept Marcepan: Hinrichsen 1999 / Lübecker Chronik: Will

„Stille Nacht" aus Hamburg-Hamm
Rist geadelt: Hamb. Hausbuch / Krippenhändler: Gärtner / Jugendeinrichtung: Kadelbach / Körner: Kurzke

Vullbuksavend – das Schmausefest
Herd: Müller / ab 1750, Quappen: Finder / Lachs: Eilers / Griesheim, Karauschen: Finder / Biersauce: Steinchen / Ossenogen-Rezept: Rosenfeld 1988 / Geschenke, Kalbfleischsalat: Hinrichsen 1999 / Wien: Steinchen / Wettessen: 100 Jahre FF Hummelsbüttel / Maurerforellen: Gättke / Küster, Türmer, Bursprake, unordenungen: Finder

Der Rummelpott geht um
Turmtüter: Finder / Ohlsdorf: Hauptfriedhof Ohlsdorf

Erster, zweiter und sogar dritter Weihnachtstag

Zum Michel im Habit
Stephanus, Johannes: Bieritz / Habit: Hauschild-Thiessen / unkirchlichste Stadt: Hilger 1984 I / Kirchenfenster: Reiter

Karpfen, Austern oder lieber Gans?
Gänsebraten, vier Keulen: Steinchen / 130 000: Kopitzsch / Stelzen: Hilger 1984 II / Zitronencreme-Rezept: Rosenfeld 1988 / Rumohr, Gallois: Straub / wohlbesetzte Tafel: Hamburg in naturhistor. Betrachtung / vor allem essen: Eilers

Chinesische Äpfel direkt aus dem Hafen
Apfelsinen Winter, Süd-China: Hinrichsen 1999 / Rist: Finder / Geister, Näglein, Fruchtjager: Hinrichsen 1999 / Pferdedung: Will

Grog für die Herren, für die Damen Eierpunsch
Veel Grog: Garvens / Medizin: Hinrichsen 1999 / Branntwein, Kaffeebrühe: Eilers

Weihnachtlicher Aberglaube
Schuppe, Brösel, Apfel: Hinrichsen 1999 / Besucher: Jacobs / gerade Anzahl, umfiel, schwarzer Kern, Wäsche: Hinrichsen 1999 / Vieh, Erbsensuppe: Hinrichsen 1999 / Würste: Jacobs

Zwischen den Jahren

Die verhängnisvollen Twölften
Volksbrauchtum: Schuck / Spökeltied: Jacobs / Finsternis: Bieritz / Geister: Hinrichsen 1999 / schießen, Dooden: Finder / rundging: Jacobs

Wenn die Elbe „steht"
14 Wochen: Finder / hundert Tage: Goos / 20 Fuß, Grasbrook: Liebes altes Hamburg / 53 Tage, Eisbrecher: Schütt (Ernst Christian) / Zigarros: Finder / Zoo: Hamburg seinerzeit, Bolau

Rüschen mit der Kreek
Winter-Lust, russischer Schlitten, Pferd, Kleidung, Mahlzeit Hessel, 400 Schlitten: Finder / Wettrennen: Liebes altes Hamburg / Kringel:

Sczakiel / Altona: Finder / Kistenbretter: Hinrichsen 1999 / Beets: Hertz (Anna Dina) / Kreek: Stave

Auf Schlittschuhen ins Uhlenhorster Fährhaus
17. Jh., 1687, Binnenalster, Stutzer, Brockes, Eiß-Schuhe: Finder / Eisbein: Hinrichsen 1999 / Damen, Bürger: Finder / Kunsteisbahn: Wandsbeker Winterzauber

Glanzvolles Ende der Weihnachtszeit

Bleiprognosen
Altjahrsabend: Finder / Silvester: Bieritz / Blei, Orakel, Däumeln, Strohseil: Finder
Fideler Altjahrsabend
Altjahrsabend: Finder / Silvester: Bieritz / Eiweiß, Schuhwerfen, Salzorakel, Däumeln, Kupferpfennig: Finder / Dämon, Eiser-Kuchen: Hinrichsen 1999 / Punsch: Finder

Raketen über der Alster
Nachtwächter, Pauken, Feuerwerk, schießen: Finder / Schützenverein: Schütt (Ernst Christian) / Ausschreitungen: Finder / Großbrand: Gihl

Das neue Jahr ist da!
Glückwünsche: Finder / Gauß: Kleßmann / Beneke, Opferpfennig: Finder / 1801: Schütt (Ernst Christian) Schwein: Evang. Zeitung 2013 / Schornsteinfeger bewundert: Hinrichsen 1999 / Mehlpudding, Neujahrskuchen: Finder

Hell leuchtet der Morgenstern
Epiphanias: Jordahn / 1837, Großneujahr: Finder / Unna, Trostbuch: Steinmeier / Kasper: Merhof / Blutstillung: Will / Lebensopfer: Jordahn / böse Geister: Hinrichsen 1999 / wenige Tage: Schuck / Umzüge, bezahlen nicht, Unordnungen, Auskleidung: Finder / segne das Haus: Bieritz / Bundeskanzlerin: Evang. Zeitung 2012

Quellen- und Literaturverzeichnis

Ahrens, Gerhard: Von der Franzosenzeit bis zur Verabschiedung der neuen Verfassung 1806–1860, in: Hans-Dieter Loose (Hrsg.): Hamburg. Geschichte der Stadt und ihrer Bewohner, Band 1, Hamburg 1982, S. 415–490

Averdieck, Elise: Die Weihnachtszeit (1850), in: Eckart Kleßmann (Hrsg.): Das Hamburger Weihnachtsbuch, Hamburg 2007, S. 128–139

Baggesen, Jens: Das Labyrinth oder Reise durch Deutschland in die Schweiz 1789, München 1986

Bahnsen, Uwe u. Stürmer, Kerstin von: Die Stadt, die leben wollte. Hamburg und die Stunde Null, Hamburg 2004

Beneke, Otto: Hamburgische Geschichten und Sagen, Berlin 1886 (Reprint)

Bieritz, Karl-Heinrich: Das Kirchenjahr. Feste, Gedenk- und Feiertage in Geschichte und Gegenwart, 6. Aufl. München 2001

Bolau, Heinrich: Ein Wintertag in unserm Zoologischen Garten, in: Das Hamburger Weihnachtsbuch, Hamburg 1892 (Reprint 1982), S. 117–118

Borcherdt, Albert: Vom Hamburger Dom (1890), in: Eckart Kleßmann (Hrsg.): Das Hamburger Weihnachtsbuch, Hamburg 2007, S. 140–162 (Original: Albert Borcherdt: Das lustige alte Hamburg. Scherze, Sitten und Gebräuche unserer Väter, Hamburg 1891)

Borchert, Wolfgang: Die drei dunklen Könige, in: Wolfgang Borchert: Draußen vor der Tür und Ausgewählte Erzählungen, Reinbek bei Hamburg 1965, S. 122–123

Brockes, Barthold Hinrich: Irdisches Vergnügen in Gott, zit. nach Eckart Kleßmann (Hrsg.): Das Hamburger Weihnachtsbuch, Hamburg 2007, S. 32

Claudius: Matthias: Aus dem Wandsbecker Boten, Stuttgart 1949 (1981) (nach der Ausgabe der Werke: Asmus omnia secum portans oder Sämtliche Werke des Wandsbecker Boten. Hrsg. von Urban Roedl. Stuttgart 1962

Christian, Mosje: Briefe über Hamburg, in: Eckart Kleßmann (Hrsg.): Das Hamburger Weihnachtsbuch, Hamburg 2007, S. 69–74

Dehmel, Richard: Weihnachtsgedichte (Internet)

Detlow, Karl Otto: Eentmal in t'Jahr, in: Der Waldreiter 12/1990, S. 25–27

Ehrhardt, Heinz: Gedichte (Internet)

Eilers, Georg: Hamburgs Vergangenheit. Eine Geschichte der Heimat, Hamburg 1923

Falke, Gustav: Die Weihnachtsbäume, in: Jahrbuch des Alstervereins 1984, S. 58 (aus: Gedichte von Gustav Falke, 4 Bände, Hamburg/Berlin 1912)

Finder, Ernst: Hamburgisches Bürgertum in der Vergangenheit, Hamburg 1930

Fliedner, Irmela: Im Hammerbrooker Pastorat 1935–1943. Jugenderinnerungen von Irmela Fliedner, in: Hamburgische Geschichts- und Heimatblätter, Bd. 15, Heft 3, April 2005, S. 66–79

Fock, Gorch: Eine Weihnachtsfahrt, in: Schullengrieper und Tungenknieper. Finkenwärder Geschichten, Hamburg 1977, S. 7–19

Frahm, Ludwig: Minschen bi Hamborg rüm, Kap. 4, Dags vör Wiehnachten (Internet)

Gärtner, Otto u. a.: Baedeker Reiseführer Sizilien, 10. Aufl. 2010

Gättke, Walter: Die feste Stadt, in: Die feste Stadt. Ein Buch von Hamburgern für Hamburger, o. O, o. J., S. 9

Garvens, Erwin: Der fröhliche Jungfernstieg. Hamburger Anekdoten, 4. Aufl., Hamburg 1966

Gerstenberg, H., Ein Kinderfreund, in: Hamburger Weihnachtsbuch, Hamburg 1892 (Reprint 1982), S. 27

Gihl, Manfred: Feuerwehr Hamburg Eins-Eins-Zwo. 125 Jahre Berufsfeuerwehr Hamburg, Erlensee 1997

Gimpel, Lenard: Zur Akustik früherer Konzertstätten in Hamburg, Berlin 2008 (Magisterarbeit, Internet)

Gobert, Ascan Klée: Zacke und Loch, 3. Aufl. Hamburg 1972

Goos, Berend: Sitten und Gebräuche zur Weihnachtszeit – Jugenderinnerungen, in: Eckart Kleßmann (Hrsg.): Das Hamburger Weihnachtsbuch, Hamburg 2007, S. 110–127

Gretzschel, Matthias u. Pelc, Ortwin: Hagenbeck. Tiere, Menschen, Illusionen, Hamburg 1998

Gurlitt, Louis: Weihnachten in Altona, in: Eckart Kleßmann (Hrsg.): Das Hamburger Weihnachtsbuch, Hamburg 2007, S. 89–90

Hagedorn, Friedrich von: Gedichte (Internet)

Haller, Martin: Eine Domfahrt im Jahre 1864 und Sillem's Bazar. Aus den Erinnerungen von Martin Haller, in: Hamburgische Geschichts- und Heimatblätter, Bd. 11, Heft 6, Dezember 1984, S. 146–149

Hamburger Hausbuch. Ein unterhaltsamer Spaziergang durch die alte Hansestadt – Bilder, Geschichten, Historisches, Freiburg 1989, S. 137

Hamburger Klöben, in: Hamburger Hausbuch. Ein unterhaltsamer Spaziergang durch die alte Hansestadt – Bilder, Geschichten, Historisches, Freiburg 1989, S. 137

Hamburg in naturhistorischer und medizinischer Betrachtung, Hamburg 1830, in: Hamburger Hausbuch. Ein unterhaltsamer Spaziergang durch die alte Hansestadt – Bilder, Geschichten, Historisches, Freiburg 1989, S. 29–36

Hamburg. Seinerzeit zur Kaiserzeit, Hamburg 1966

Handbuch der historischen Stätten Deutschlands. Schleswig-Holstein und Hamburg, Stuttgart 1976

Hauptfriedhof Ohlsdorf im Wandel der Zeit, Hamburg 1989

Hauschild-Thiessen, Renate: Bürgerstolz und Kaisertreue. Hamburg und das Deutsche Reich von 1871, Hamburg 1979

Heine, Heinrich: Aus den Memoiren des Herren von Schnabelewopski, 2. Aufl. Frankfurt a. Main 1979

Henneberg, Otto: Weihnachten auf einem holsteinischen Gutshof vor dem 1. Weltkrieg, in: Jahrbuch des Alstervereins 1966, S. 69f.

Hertz, Emma Dina: Die Urgroßeltern Beets, Hamburg 1906

Hertz, Paul: Unser Elternhaus, Hamburg 1910

Hilger, Marie-Elisabeth: Die unkirchlichste Stadt des Reiches? In: Volker Plagemann (Hrsg.): Industriekultur in Hamburg. Des deutschen Reiches Tor zur Welt, München 1984, S. 199–203

Hilger, Marie-Elisabeth: Umweltprobleme als Alltagserfahrung in der frühneuzeitlichen Stadt? Überlegungen anhand des Beispiels der Stadt Hamburg, in: Die alte Stadt 2/1984, S. 112–138

Hinrichsen, Torkild: Weihnachten in Norddeutschland. Ein Bild-Abc zu alten lieben Geheimnissen, Husum 1999

Hinrichsen, Torkild (Hrsg.): Das Maiglöckchen. Vom Wundermittel zum Mauerblümchen, Husum 2006

Hinrichsen, Torkild: Weihnachtsbriefe und Wunschzettel. Vom 18. Jahrhundert bis heute, Husum 2010

Holst, Wilma: Hamburg in alten Reisetagebüchern, in: Was Hamburgensien-Sammler entdeckten, Hamburg 1989, S. 46–48

Jacobs, Elisabeth: Weihnachten. Wie es einmal begann, in: Schleswig-Holstein 12/1990, S. 2–5

Jeremias, Tilman: „Heut schließt er wieder auf die Tür zum schönen Paradeis“, in: Mecklenburgische und Pommersche Kirchenzeitung 52/53/2010

Johannsen, Werner: Lorgie – ein Budenzauberer auf dem Hamburger Dom, in: Hamburgische Geschichts- und Heimatblätter, Band 15 Heft 6, Oktober 2006, S. 129–135

Jordahn, Ottfried: Vergessene Feste, in: Evangelische Zeitung vom 9. Januar 2011

Kadelbach, Ada: „Freue dich, o Christenheit“, in: Evangelische Zeitung Nr. 51/52/2010

Kahl, Heinrich: För Naber sein Kind, in: Hans Ritscher (Hrsg.): Zur Weihnachtszeit. Erzählungen und Gedichte in Hoch- und Niederdeutsch, Hamburg 1992, S. 83

Keesenberg, Hermann: Wilhelmsburg. Die Insel der Gegensätze, Hamburg 1989

Kelberg, Otto von: Weihnachtsmärchen, in: Hamburger Weihnachtsbuch, Hamburg 1892 (Reprint 1982), S. 48

Kempowski, Walter: Aus großer Zeit, 8. Aufl. München 1991

Kinau, Rudolf: Unter dem Schornstein, in: Die feste Stadt. Ein Buch von Hamburgern für Hamburger, o. O., o. J., S. 10–14

Kinau, Rudolf: Mien bunte Tüller, in: Rudolf Otto Wiemer: Machet die Tore weit. Ein Buch zum Advent, Gütersloh 1960, S. 66–71
Klopstock, Friedrich Gottlieb: Gedichte (Internet)
Koehler-Wümbach, Wilhelm: Juchhe! Herr Schnee! in: Hamburger Weihnachtsbuch, Hamburg 1892 (Reprint 1982), S. 69 (Melodie)
Koehler-Wümbach, Wilhelm: Weihnachtslied, in: Hamburger Weihnachtsbuch, Hamburg 1892 (Reprint 1982), S. 146f. (Melodie)
Kopitzsch, Franklin: Zwischen Hauptrezeß und Franzosenzeit 1712–1806, in: Hans-Dieter Loose (Hrsg.): Hamburg. Geschichte der Stadt und ihrer Bewohner, Band 1, Hamburg 1982, S. 351–414
Kubitschek, Judith: Viel Kommerz, wenig Krippe. Das Geschäft mit Adventskalendern hat eine lange Tradition, in: Evangelische Zeitung 48/2010
Kurzke, Hermann: „Erhalt uns, Herr, die Obrigkeit" singt keiner mehr, in: FAZ vom 22. April 2011
Leisner, Barbara u. Fischer, Norbert: Der Friedhofsführer. Spaziergänge zu bekannten und unbekannten Gräbern in Hamburg und Umgebung, Hamburg 1994
Lentz, Marianne u. Vossen, Karla: Von Äpfeln, Rosen, Sternen. Alter Schmuck am Weihnachtsbaum, Museumspädagogischer Dienst der Kulturbehörde Hamburg, Hamburg 1985
Leo, Gustav, Oberbaudirektor: Sanierungen, in: Hygiene und soziale Hygiene in Hamburg, Hamburg 1928, S. 591–593
Liebes altes Hamburg, zweite Folge, Hamburg 1968
Liliencron, Detlev von: Gedichte (Internet)
Lüth, Erich: Weihnachten im Pöseldorfer Krämerladen, in: Eckart Kleßmann (Hrsg.): Das Hamburger Weihnachtsbuch, Hamburg 2007, S. 163–167
Maaß, Joachim: Eine Idylle, in: Eckart Kleßmann (Hrsg.): Das Hamburger Weihnachtsbuch, Hamburg 2007, S. 170–198
Mähl, Joachim: Ut unser Herrgott sienen Garden, in: Das Hamburger Weihnachtsbuch, Hamburg 1892 (Reprint 1982), S. 70
Merhof, Klaus: Eine Tournee beginnt für Melchior, Kaspar und Balthasar, in: Mecklenburgische und Pommersche Kirchenzeitung 52/2011, S. 7
Merkel, Garlieb: Hamburg im Herbst, in: Hamburger Hausbuch. Ein unterhaltsamer Spaziergang durch die alte Hansestadt – Bilder, Geschichten, Historisches, Freiburg 1989, S. 72 (Original: Garlieb Merkel: Briefe über Hamburg und Lübeck, Leipzig 1801)
Müller, Renate: Licht und Feuer im ländlichen Haushalt, Hamburg 1994
Olivier, Thomas: Dieser Brauch ist nicht von Pappe, in: Ostseezeitung 19./20. November 2011, S. IV
Offen, Hilde: Weihnachtserinnerungen, in: Der Waldreiter 12/1990, S. 13

Prell, Marianne: Weihnachten 1813 (Internet)

Rambach, Johann Jacob: Hamburger Aalsuppe, aus: Versuch einer physisch-medizinischen Beschreibung von Hamburg, Hamburg 1801, zit. nach: Hamburger Hausbuch. Ein unterhaltsamer Spaziergang durch die alte Hansestadt – Bilder, Geschichten, Historisches, Freiburg 1989, S. 179

Reetz, Jürgen: Die ältesten Nachrichten über den Dommarkt, in: Hamburgische Geschichts- und Heimatblätter, Band 10, Heft 8, Dezember 1979, S. 177–183

Reinhardt, Carl: Der fünfte Mai. Ein Roman aus dem alten Hamburg, Hamburg 1952

Reiter, Michael: Kirchenführer Hamburg, Kiel 1995

Risch, Arnold: Das lacht der Große Michel, Hamburg 1942, zit. nach Gesine Espig u. Rüdiger Wagner: Schad ja nix, aber was soll das? Hamburg lacht, Hamburg 1987, S. 164–165

Rist, Johann: Gedichte (Internet)

Rist, Johann Georg: Bei herangekommener Winterzeit, in: Hamburger Hausbuch. Ein unterhaltsamer Spaziergang durch die alte Hansestadt – Bilder, Geschichten, Historisches, Freiburg 1989, S. 72f. (Original: G. Poel (Hrsg.): Johann Georg Rist: Lebenserinnerungen, 3 Bände Gotha 1880)

Röpke, Georg-Wilhelm: Das Wandsbeker Schloß. Eine vertane Chance, in: 700 Jahre Wandsbek 1296–1996. Eine Festschrift, Hamburg 1996, S. 34–45

Rolle, Paul: Geliebtes Volksdorf. Erlebtes, Erlauschtes, Erforschtes, Hamburg 1969

Rommel, Kurt: Afra, Candidus und Fridolin. Kirchennamen und biblische Zahlen, Stuttgart 1998

Rosenfeld, Angelika: Vor langer Zeit im Alstertal, Hamburg 1988

Rosenfeld, Angelika: „Ich vergesse, daß ich mich in Europa befinde." Geschichte der Hamburger Cholera-Epidemie von 1892 = Berichte und Dokumente Nr. 934 / 17. August 1992, Staatliche Pressestelle Hamburg

Saß, Johannes: Hamburg. Eine Heimatkunde, Hamburg 1937

Schivelbusch, Wolfgang: Das Paradies, der Geschmack und die Vernunft. Eine Geschichte der Genußmittel, Frankfurt/M. 1983

Schmidt, Loki: Zum Geleit, in: Dietrich Roth (Hrsg.): Die Blumenbücher des Simon Holtzbecker und Hamburgs Lustgärten, Hamburg 2003, S. 7

Schreyer, Alf: Weihnachten im alten Hamburg, in: Festschrift Alf Schreyer, Stormarner Hefte Nr. 15, Neumünster 1990, S. 191–194 (aus: Die Kirche in Hamburg, 8. Jg., 24. Dezember 1961)

Schreyer, Alf: Liebes altes Wohldorf-Ohlstedt, Hamburg 1991

Schuck, Martin: Wann ist Jesus geboren, in: Evangelische Zeitung 48/ 2010

Schütt, Ernst Christian: Die Chronik Hamburgs, Dortmund 1991
Schütt, Erwin: Geschichte des Fischereirechts und der Fischerei im deutschen Ostseeraum. Ein Abriß 1871–1995, 2. Aufl. Rostock 2004
Sczakiel, Karin: Der Harburger Kringel, in: Helms-Museum Aktuell Nr. 22/Juni 2011, S. 4 (Internet)
Seelig, Olga geb. Cramer (1876–1971): Jugendjahre auf der Uhlenhorst. Mitgeteilt von Renate Hauschild-Thiessen, in: Hamburgische Geschichts- und Heimatblätter, Bd. 12, Heft 11–12, April 1992, S. 241–280
Stave, Joachim: Rummelpottlaufen. Kindergeschichten aus Blankenese, Hamburg 1956
Steinchen, Renate: Das Berliner Weihnachtsbuch, Berlin 1996
Stinde, Julius: Die eigensinnige Pfeffernuß, in: Hamburger Weihnachtsbuch, Hamburg 1992, S. 17
Straub, Maria Elisabeth: Grönen Aal und Rode Grütt. Von Tafelfreuden und Trinksitten an der Waterkant, Hamburg 1985
Trinius, August: Hamburger Schlendertage, Waltershausen 1893 (Reprint Rietberg 1980)
Vossen, Karla: Steckenpferd und Lumpenpuppe. Selbstgemachtes Spielzeug – Geschichte und Herstellung, Hamburg 1989
Voß, Johann Heinrich: Gedichte (Internet)
Walden, Hans: Stadt-Wald. Untersuchungen zur Grüngeschichte Hamburgs, Hamburg 2002
Wallmann, Johannes: Kirchengeschichte Deutschlands seit der Reformation, 5. Aufl. Tübingen 2000
Weber, Emilie: Jugenderinnerungen 1836–1851), Hamburg 1904
Wichern, Johann Heinrich: Weihnachten. Aus den Tagebüchern, in: Eckart Kleßmann (Hrsg.): Das Hamburger Weihnachtsbuch, Hamburg 2007, S. 91–105
Wiering, Thomas von: Auf die beliebte und geliebte Schlitten-Fahrt der Ruhmwürdigen Hamburgischen Bürgerschaft nach Harburg, Anno 1516 (Nachdruck Hamburg 1838), zitiert nach: Gesine Espig u. Rüdiger Wagner: Schad ja nix, aber was soll das? Hamburg lacht, Hamburg 1987, S. 8
Will, Carl: Was die Schiffe bringen, Hamburg 1958
Wobbe, Rolf: Chronik der Vierländer Eisenbahn, Geesthacht 1984
Woermann, Karl: Zum Weihnachtsbaum für Hamburgs Waisen, in: Das Hamburger Weihnachtsbuch, Hamburg 1892 (Reprint 1982), S. 14

Evangelische Zeitung vom 15.1.2012 und vom 22.12.2013
Evangelisches Gesangbuch
Mecklenburgische und Pommersche Kirchenzeitung Nr. 49/2011
Amtlicher Anzeiger Nr. 82 vom 18.10.2011, S. 2241

100 Jahre Freiwillige Feuerwehr Hummelsbüttel, Hamburg 1990
Manufactum-Gartenkatalog 2015
St. Nicolai in Altengamme. Prospekt und Homepage
Internet: Wandsbeker Winterzauber, Die Zeit Archiv, NDR /Gruß an Bord, www.sillem-family.com, www.streetlight-hamburg.de

Bildhinweise

S. 9 Johann Hinrich Wichern
S. 10 Das Rauhe Haus
S. 15 Adventskranz, Agentur des Rauhen Hauses, Hamburg
S. 17 Weihnachtsuhr für Kinder, Hamburg 1902
S. 19 Für den Adventsbaum, Schachtel mit gestanzten Papierdekorationen in Form von Weinblättern mit Abbildungen und Verheißungen aus dem Alten Testament
S. 20 Weihnachtskalender „Im Lande des Christkinds“ von Gerhard Lang/Richard Ernst Kepler
S. 21 Adventskalender, Krüger Verlag, Hamburg um 1960
S. 26 Franz Graf von Pocci, Der Pelzmärtel
S. 29, 30 Weihnachtswunsch, Kupferstich, Pingeling, Hamburg, Handschr. von Johannes Heinrich Rasmussen, 1816
S. 31 Wunschbogen von der Firma Klebe, Prenzlau, geschrieben von Günther Koch-Hagen in Wittenburg 1895
S. 33 Waldteuffel, Holzschnitt, Ausschnitt, Berlin um 1860
S. 39 Tortenreliefs für Marzipan, Musterbuch Gustav Krieg, Hamburg 1922
S. 41 Keilings Weihnachtsbasar im Apollo-Saal in Hamburg, Hamburg, 1853
S. 43 Der Gänsemarkt
S. 45 Die Nikolai-Kirche, Hamburger Gedenkbuch 1844
S. 46 Weihnachtsmarkt auf dem Zeughausplatz, Zeichnung von Ludwig Dettmann, 1881
S. 47 Weihnachtsmarkt, Kopenhagen um 1890
S. 51 „Göes fette Göes“ Ausrufe in Hamburg, farbige Blätter nach Kupferstichen von Christofer Suhr 1808
S. 52 Hamburger Dom auf dem Heiligengeistfeld um1912
S. 53–55 Bilderbogen mit Krippendarstellungen zum Ausschneiden, Neuruppin um 1854

S. 65 Unter dem Tannenbaum im Wandsbeker Schloss, 1796, Zeichnung nach Theobald von Oehrs

S. 69 Münchner Bilderbogen „Das Schicksal eines Weihnachtsbaumes“, um 1860

S. 70 Lithografie von Peter Suhr

S. 71 Nüsse vergolden, aus Elise Averdieck, Lottchen und ihre Kinder, Hamburg 1847

S. 73 Bescherung der Colerawaisen, Hamburg 1892

S. 75 Weihnachtsfeier im deutschen Lazarett des Schlosses von Versailles 1870, Holzschnitt

S. 82 Hamburger Trachten vor der Katharinenkirche, Chistofer Suhr, um 1808

S. 96 Der Nikolaus kommt, Oscar Pletsch, um 1870

S. 97 „Herr Winter“ Holzstich nach einer Zeichnung von Moritz von Schwind, Zeichnung 1847

S. 104 Besuch beim Weihnachtsmann, Hamburg um 1960, Foto der Autorin

S. 122 „Gewaltsame Austreibung der Bürger im Winter 1813 durch die Franzosen“, Hamburger Gedenkbuch 1844

S. 138 Rummelpottläufer in Schleswig-Holstein nach einem Gemälde von Carl Schildt, um 1890

S. 139 Die Petrikirche, Hamburger Gedenkbuch 1844

S. 141 Die Jacobikirche, Hamburger Gedenkbuch 1844

S. 224 Die Michaeliskirche, Hamburger Gedenkbuch 1844

S. 149 „Grön Aal“, Ausrufe in Hamburg, farbige Blätter nach Kupferstichen von Christofer Suhr 1808

S. 151 „Schöne Zitron u. Appelsina“, Ausrufe in Hamburg, farbige Blätter nach Kupferstichen von Christofer Suhr 1808

S. 161 Schimmelreiter, Klapperbock und Knecht Ruprecht oder Bär, Otto von Reinsberg-Düringsfeld, Das festliche Jahr der germanischen Völker

S. 195 „Kohl, witten Kohl un Kantüffeln“, Ausrufe in Hamburg, farbige Blätter nach Kupferstichen von Christofer Suhr 1808

Diese sowie alle weiteren Abbildungen wie historische Postkarten und Abbildungen aus zeitgenössischen Zeitschriften und Büchern entstammen den Archiven des Weihnachtshauses Husum und des Husum Verlags, Husum

Inhaltsverzeichnis